湛庐 CHEERS

与最聪明的人共同进化

HERE COMES EVERYBODY

赢得你的积极优势

5大步骤
构建职场资本

[加] 肖恩·埃科尔 著
Shawn Achor
黄珏苹 译

Before Happiness

中国纺织出版社有限公司

肖恩·埃科尔

Shawn
Achor

“哈佛幸福课”主要设计者
全球知名潜能挖掘专家
哈佛大学杰出教育家

从潜水艇中浮出的积极心理学家

肖恩·埃科尔是积极心理学家、教育家、作家和演讲家。他早年就读于军事学校，接受过魔鬼般的军事训练，还在潜水艇中受训，本应成为一名海军军官。可接下来，事情发生了180度的大转弯。埃科尔发现积极和快乐这样抽象的东西，居然能切实地提高人们的生活质量和工作效率，于是毅然决然地选择了研究积极心理学。

埃科尔以优异的成绩毕业于哈佛大学后，又攻读了哈佛神学院的硕士学位。接下来，他在哈佛大学做了8年辅导员和助教，为学生们提供咨询，并成为“哈佛幸福课”的主要设计者之一，先后获得了12次哈佛大学杰出教育奖。

Shawn

“改变是可能的，
而且当我们做出这样的选择时，
不仅会给自己带来最大的竞争优势，
也会让别人的生活更美好。”

——肖恩·埃科尔

Achor

500强企业的积极行动导师

2008年，金融危机席卷全球，埃科尔成为向世界500强企业中焦虑不安的经理和员工们提供积极法宝的行动导师，他从自己的理论成果中研发出“积极优势培训”项目，对500强中超过1/3的企业进行了培训，这些企业包括谷歌、毕马威、百事、星巴克、瑞银等。他的足迹遍及全球，从中国、瑞士到南非，再到美国的硅谷和华尔街。

积极培训给这些企业与员工带来了巨大变革，来自48个国家、275 000人、225个子课题的数据有力证明了埃科尔关于积极性与成功的观点。《哈佛商业评论》《纽约时报》《福布斯》《华尔街日报》《财富》以及美国有线电视新闻网（CNN）等众多知名媒体竞相报道了埃科尔关于幸福与人类潜能方面的研究。

积极心理学领域的先锋实践者

埃科尔还是一位勤奋的研究者和实践者。他先创立了好思公司（Good Think），希望帮助企业探索压力、积极性和成功之间的关系；后来又和妻子设立了好思公司的下属研究机构——应用实证研究所（IAPR），该研究所的研究人员来自哈佛大学、斯坦福大学和宾夕法尼亚大学，旨在通过向人们提供积极

心理学相关服务来提高工作绩效。

埃科尔关于积极性和职场竞争力乃至幸福之间紧密关系的理论，以及由此衍生的实操方法，都在其两部著作《发现你的积极优势》《赢得你的积极优势》中有详尽的叙述。这两部作品都是影响力广泛的畅销书，根据书中理论研发的“积极优势培训”是世界上规模最大、最成功的积极心理学培训项目之一。美国十大幸福企业正在践行这一工作理念，这个课程也正在成为越来越多企业共同的选择。

除了实践活动，埃科尔还积极投入宣传积极心理学的活动当中。2021 年《哈佛商业评论》1 月刊和 2 月刊的封面的报道都是埃科尔关于积极性的研究。他与妹妹合写了一本孩子们都能读懂的关于快乐与成功的书，旨在与儿童分享快乐的秘密。埃科尔还被知名节目主持人奥普拉邀请至家中，探讨积极性与成功的关系，这一谈话已在奥普拉的脱口秀节目《超级灵魂星期天》（*Super Soul Sunday*）中播出，《华盛顿邮报》也对此做了专题报道。此外，埃科尔在 TED 大会上的演讲也曾轰动一时，点击量超 2 000 万次。

作者演讲洽谈，请联系
speech@cheerspublishing.com

更多相关资讯，请关注

湛庐文化微信订阅号

湛庐CHEERS 特别制作

积极心理学浪潮来袭

世界正处于剧变之中，但任何地方的变化都没有中国的变化显著。我们正在经历双重革命。一场是技术革命，它使我们拥有了智能手机、太空飞船和高速列车。另一场革命比较难以捉摸，但它会对中国的未来产生更大的影响。

随着中国成为生产效率最高、最成功的国家之一，它也为此付出了高昂的快乐代价。我们不仅延长了工作时间，还给越来越小的孩子施加了压力。工作负担造成了人类抑郁症的发病率和自杀率不断增加。我们已经接近了临界点，无法再通过增加工作量和压力来实现更高水平的工作与学习。当我来到北京和上海，与一流公司的 CEO 们交流时，他们告诉我，由于中国的经济增长速度飞快，许多中国人都不知道如何应对新增的财富。有些人变得物质至上，有些人为了追求成功承受着巨大的压力，最终导致崩溃。没有价值或不能带来快乐的经济增长很难得到持久的发展，而我们正经历的另一场革命就是要解决这个问题。

另一场革命就是本书所描述的积极革命。2014 年年初，我到奥普拉·温弗瑞（Oprah Winfrey）的家中进行了两个小时的采访，访谈的主题是：为什么快乐是一种选择、一种优势？身为亿万富翁，奥普拉拥有财富和成功，但她承认自己曾经抑郁过，这说明成功不一定能带来快乐。这就是关键——更多的成功与金钱并不意味着更快乐。科学研究反而发现，快乐其实能带来更大的成功、更多的财富和更健康的身体。

积极的习惯、心态和领导力是中国释放出自身潜力的关键。我们的快乐不再受制于基因与环境。通过创造行为和心态上的小小改变，每个人都能开始收获积极优势。当大脑积极而快乐时，无论是商业成就还是个人学习成绩，都会得到显著提升；拥有积极性的员工销售额会比原来提高 37%，生产效率会比原来提高 31%，创造力是原来的 3 倍，而且他们能在工作中发挥出更多的聪明才智；拥有积极性的学生能取得更好的成绩，避免倦怠感，并且他们的记忆力也会得到改善。我在全球 51 个国家中证明了“积极优势”，我发现，**在现代社会中，最大的竞争优势是积极的、投入的大脑。**

现在，摆在企业家、管理者和普通员工面前的问题是：你是想卖力但不太快乐地工作，并因而限制自己潜能的发挥，还是愿意将书中的研究付诸实践，从而收获快乐与成功？

当越来越多的公司意识到，员工的快乐与乐观心态能带动销售、提高工作效率、促进个人成长时，积极革命发生的速度就会越来越快。你也是这项变革中的一员。拥有这种意识的人越多，快乐就能成为越来越多的人的首选。我希望在接下来的几年里，中国能成为积极心理学革命中最重要的领导者之一。

积极是一种选择

如果你想改变生活，就必须先改变你的现实。

我在我的第一本书《发现你的积极优势》[①] 中介绍了在职场中拥有积极特质——其最大的表现就是快乐，能让人获得巨大的优势。书中提到了在工作中如何寻找并创造积极特质；当人们找到并创造出积极特质时，他们的智力、创造力和活力都会得到提升。因此，只要员工找到积极特质，几乎每一家企业都会得到改善；只要学生们都拥有积极特质，几乎每一个教育项目都会取得更好的结果。总之，《发现你的积极优势》讲的就是先有积极特质后有成功，而这本书要讲的是在积极特质与成功之前还有什么。如果你想在生活中创造积极的改变，那么你必须先改变你的现实。

说实话，我在 5 年中对积极特质的了解超过了我在哈佛大学工作的那 10 年。在这 5 年中，我走访了 51 个国家，

① 该书是埃科尔将积极心理学应用于企业实践的首部作品，已由湛庐策划、中国纺织出版社有限公司出版。——编者注

在很多公司和学校里做了演讲，对积极特质与成功之间的联系有了更多的认识。不过走访的地方越多，我的紧迫感就越强。因为看得越多，我越想搞明白怎样才能让人们不只是暂时变得更快乐，而是永远变得更投入、更积极主动、更生机勃勃。我想知道怎样才能帮助人们不只是在某些任务上取得成功或达成某些目标，而是彻底达到一个新的成功水平。

在世界各地旅行的过程中我发现，在容易获得成功和快乐的地方研究它们是不够的，比如在对照实验中研究象牙塔里的天之骄子们。我想在难以获得成功和快乐的地方验证我的理论。

一方面，在委内瑞拉，我坐着防弹汽车去和受到绑架威胁的领导者交流复原力研究，我母亲为此很担心我的安危。为了探究流离失所但依然保持乐观的人们，我睡在坦桑尼亚的茅屋里，周围爬着我有生以来见过的最大个头的蜘蛛。在一所学校发生群体枪击事件后一周年的纪念活动上，我向悲伤的人们做了主题为快乐的演讲。在肯尼亚的贫民窟里，我和目不识丁的母亲们交流，其中一位母亲下决心要让自己 8 岁的女儿将来去哈佛大学读书。

我在“每天都很重要”（Everyday Matters）运动中担任积极心理学专家，以便探究患有慢性神经肌肉疾病的人是否还能保持快乐。在次贷危机中，我与房地美公司（Freddie Mac）有过合作。沃尔玛公司提出了一个雄心勃勃的想法，那就是让 150 万名员工变得更快乐，而这些勉强维持生计的员工面临复杂的家庭和教育问题。目前，我的公司正在努力做这个项目。我在圣裘德和波士顿的儿童医院与治疗儿童晚期癌症的医生们交流，试图了解为什么 4 岁大的患儿会对父母说“一切都很好”，而不是说“一切都糟透了”。

另一方面，谷歌和 Facebook 邀请我帮他们解决财富带来的困惑。颇具讽刺意味的是，财富正在耗尽员工的投入性和积极性。从中我领悟到，在研究成功与快乐的联系时，我漏掉了一些重要的事情。

先有动机，才有可能性；先有激情，才有动机；先有你的现实，才有激情。这种现实正是稍纵即逝的快乐与持久的积极心态之间的差异，而持久的积极心态有助于每个人在生活和事业方面取得成功。本书的目的是帮助你拥有积极特质，从而使你的人生卓越不凡。

测一测　　关于如何赢得你的积极优势，你了解多少？

1. 以下哪种说法有利于构建积极的现实？

A. 只聚焦于事情的核心面

B. 让消极情绪的比例高于积极情绪的比例

C. 找到最值得投入精力的点

D. 多做一些利己的事

2. 关于绘制出更好的心理地图，下列说法错误的是______。

A. 确立职业的意义里程碑

B. 绘制更灵活的心理地图

C. 先绘制成功路线，再绘制逃跑路线

D. 守住你的心理地图不动摇

3. 以下哪种做法有利于加速成功？

A. 把主要精力留给关键目标

B. 多多回顾过往的挫折

C. 让目标看起来理你更远

D. 尽可能增加主观上的竞争对手

4. 想要赢得职场上的积极优势，应当规避以下哪种做法？

A. 在噪声中找到积极信号

B. 培养积极的非语言表达

C. 减少睡眠时间，延长工作时间

D. 培养理智的乐观，而非盲目的乐观

扫码做题，获取答案及解析。

目 录

引 言 积极特质的力量 001
什么决定了你的事业成败 005
走向职业成功的三要素 007
区分积极现实与积极幻觉 011
将研究应用于生活 017

步骤 1: 构建积极现实
看到其他人看不到的机会 019
策略 1：关注事情的其他面 025
策略 2：多维审视你的事业 032
策略 3：找到最值得投入精力的点 042

步骤 2: 绘制心理地图
为自己规划职业成功路线 057
策略 1：确立职业的意义里程碑 062

策略 2：绘制更灵活的心理地图 074
策略 3：先绘制成功路线，再绘制逃跑路线 084
不断更新你的心理地图 089

步骤 3： 寻找兴奋点
加速迈向成功 093

画出你的职业靶子 097
策略 1：靠近目标以提高干劲儿 099
策略 2：放大达成目标的可能性 107
策略 3：把主要精力留给关键目标 114

步骤 4： 消除噪声
消除消极现实，加强积极信号 127

策略 1：辨认信号 131
策略 2：抵制噪声的诱惑，提升信号强度 138
策略 3：消除内部噪声 146

步骤 5： 传播积极特质
让全员彼此激发 157

策略 1：推广可复制的成功模式 161
策略 2：构建办公区的积极文化 171
策略 3：创造共享的叙述 182

后　记　**积极特质带来的巨大创造力** 195
译者后记　201

引　言

积极特质的力量

BEFORE
HAPPINESS

我父亲曾经是加州大学欧文分校的神经科学家。在出生之前，我就心不甘情不愿地成了他的被试。那是首批针对未出生胎儿实施的脑电图实验之一。他和他的同事把电极连在我妈妈的肚皮上，看是否能检测并分析我的脑电波，实验最终失败了（我不确定他们测到了些什么）。不过，这对我的生活产生了深远的影响：在出生前，我就注定会热爱心理学和科学了。

仅仅6年后，我自愿参与了另一项神经科学实验。尽管我当时显然不知道那是什么实验，但它最终引导我写了这本书。那时，我的爸爸是贝勒大学（Baylor University）的教授，临时照顾我的女孩们碰巧都是他普通心理学课上的学生，我爱上了她们。

但我慢慢意识到，我与她们的关系发展得并不像我希望得那样好（例如，在我和这些女孩们约会后，我父母还要给她们钱）。在看到电影《小美人鱼》中的爱丽儿最终获得了幸福后，我决心要进入女孩们的世界。于是我问父亲自己能否参加他的教学演示。儿子想追随老爸的脚步，这让他很激动，他根本没有停下来想一想我是否有什么不可告人的目的。

不管怎样，他还是把我带到贝勒大学，上了他最出名的课程之一。我记得自己坐在教室前面那把巨大的棕色椅子上，他在我的头皮上抹上导电凝胶，然后连上电极。我不在乎，我很开心，因为我所有的女朋友都盯着我看。不过带儿子上课让老爸太激动了，结果他犯了一个简单的错误：他忘记了接地线，电线和地上的铜条搭在了一起。当他打开机器的时候，电流正好经过我，那感觉就好像我把手指伸进了插座一样。我生气地把全部电极都拽下来，用6岁孩子所能聚集起来的最大愤慨，大踏步地走开了。直到今天我都没有责怪我父亲电了我，但我生气的是他和全班学生一起哈哈大笑。

虽然父亲让我受到了电击，但我依然感谢他，因为他的实验让我一生对研究大脑感知世界的方式都很着迷。那台讨厌的设备是一台早期的诱发电位仪，它能记录头皮上的电活动，这样一来，神经科学家就能测量并记录大脑处理外部刺激时的活动水平了。

看一看在办公室、地铁或咖啡店里坐在你对面的人们，你可曾想过你眼中的世界和他们眼中的世界是否一样？你是否曾有一位焦虑的老板，他总是只指出你的缺点，却看不到你的一点儿优点？或者你是否曾经和一位爱抱怨的亲戚一起度假，他几乎对所有事情都感到不满？思考一下为什么世界在他们的眼中是那样的。

人们看到的世界之所以非常不同，是因为大脑不同于照相机。照相机只是拍摄外部世界的照片，而大脑在不断解释和加工接收到的信息。每当外部世界提供给我们信息时，无论是股市下跌的报告、令人紧张的电子邮件，还是笑容可掬的同事，我们的大脑都会消耗能量以便对这些信息进行理解。这种能量被称为“诱发电位”（evoked potential），脑电图扫描仪便是使我们能窥探到幕后，从而让我们能更好地理解这一过程的早期设备。

虽然人类的大脑每秒钟能从外界接收 1 100 万比特的信息，但它每秒钟只能加工 40 比特。这意味着大脑必须从海量的输入信息中选择很小的一部分来进行加工和处理，并将大量信息弃之不用。因此，你的现实就是一种选择，你选择去关注的内容塑造了你对世界的感知和理解。

如今，使用脑电图扫描仪、功能性磁共振成像仪和眼球追踪仪，我们已经能测量并研究那些选择信息的大脑能量形式了。更重要的是，我们现在正在了解改变这些能量形式的方式，以帮助我们对世界进行更积极的解释。如果大脑能将它的能量更好地聚焦于积极的方面，那么你取得成功的可能性就会更大。本书讲的就是如何通过改变心态来激发你的潜能。

什么决定了你的事业成败

科学的目标是能进行预测。医生希望能预测出服用维生素 C 是否会降低人们患感冒的可能性。物理学家希望能预测出在距地面 30 米的地方扔出的保龄球会以多大的力度撞击地面。企业的目标是创造出可持续的、不断增长的收入。只有在企业中工作的人是成功的，企业才会成功，因此，企业一直在寻找能预测出个人业绩的科学方法。然而直到今天，所有针对这个主题进行的研究，都没有得出一条能充分解释人类潜能的科学理论。

追溯到 19 世纪，弗朗西斯·高尔顿爵士（Sir Francis Galton）是最早研究如何运用大脑的能量形式来预测个人表现的科学家之一。在没有脑电图扫描仪的情况下，他推测，通过测量大脑加工系统的速度，我们可以对智力进行量化和预测。你的大脑分辨感官刺激并做出反应的速度越快，你便越聪明。不过，“反应时”（reaction time）只是人类复杂智力的很小一部分。

从 20 世纪 20 年代到 80 年代，科学家一直认为可以利用智商来测量潜能（智商从本质上来说测量的只是一个人的语言能力和数学能力）。于是企业和政府投入了大量资金来发展公立学校的阅读课程和数学课程，取消了美术课程和音乐课程。人力资源部门基于智商设计出测试题目，然后用同样的智力标准来雇用从销售员到 CEO 的所有员工。但问题是，这一切都是错误的。正如事实证明的那样，智商和技术能力仅能预测出 20% ～ 25% 的职业成功，那意味着超过 75% 的职业成功跟智商和培训毫无关系——这是一个大问题，因为在经济不景气时，公司会把大部分培训预算用于提高员工的智力和技术能力。从科学的角度来说，这些钱被不负责任地花掉了。

我们还能用什么来预测职业成功呢？如果测量智商的效果不好，那么我们或许还可以用学术能力评估测试（Scholastic Assessment Test, SAT）这种更时髦的测试工具，它会更好用吗？答案是否定的。学术能力评估测试的预测效果其实更糟糕。在对大一学生考试平均分数的预测中，学术能力评估测试的预测准确率仅为8% ～ 15%。那意味着对大约 88.5% 的大学生来说，学术能力评估测试对学习成绩的预测结果还不如掷骰子来得准确（这真的很让人尴尬，我们花了很多时间来设计预测性测试，但它们其实根本没有预测作用）。

企业试图用来预测员工绩效的另一个衡量标准是考试分数。由于高中时的考试分数比学术能力评估测试分数更能预测出大学时的学习成绩，因此，考试分数一定也能预测出个体未来在职场上是否能取得成功，对吗？《百万富翁的智慧》（*The Millionaire Mind*）的作者托马斯 · 斯坦利（Thomas Stanley）博士提出了反对意见。经过 10 年的研究，他发现考试分数与职场成功完全没有相关性，其预测的准确性和抛硬币差不多。这就解释了一个被人们津津乐道的矛盾现象：商学院中许多学习成绩不好的学生最后创办了自己的公司，而很多成绩优异的学生却要给他们打工。相关的研究者还包括霍华德·加德纳（Howard Gardner）和彼得·萨洛维（Peter Salovey）。加德纳第一个提出，在预测人的潜能的过程中，理解自己及他人情感的能力比智商更重要。1990 年，有两位心理学家发表了一篇惊天动地的论文，这两位心理学家就是耶鲁大学的萨洛维和新罕布什尔大学的约翰 · 迈耶（John Mayer）。他们提出，智商的预测价值很低，而理解情感的能力能更好地预测出人的潜能。他们称这种能力为情商。

大多数人可能对情商都不陌生，它是我们调节情绪的能力。在过去 20 多年里，人们一直认为它是一个人在压力重重、变化无常的商业世界中取得成功的关键。丹尼尔 · 戈尔曼（Daniel Goleman）在全球畅销书《情商》中普及了萨洛维等人的研究，并促使全世界的公司开始测试员工或应聘者的情商，而不再测试智商。于是，在学术界和企业界中出现了一个重要的争论：情商和智商哪个更重要？而这正是社会和科学界做出的一个巨大的错误转变。请不要误解我的意思，我相信情商是 20 世纪 90 年代心理学实验室中诞生出来的最好理论之一。但是，关于哪种智力更重要的问题是错误的。

不久之后，加德纳又提出了他的第二类智力，也就是理解他人、与他人交往的能力，他称其为“社会智力”。戈尔曼又通过他的畅销书《情商 2：影响你一生的社交商》将社会智力，即社交商介绍给了商业世界。与之前一样，社交商在预测潜能方面的价值被“哪一种智力最重要”的争论削弱了。

从那之后，企业界和学术界一直在争论这个问题：智商、情商、社交商哪个最重要？就像在问体育比赛中进攻和防守哪个更重要，或者客户和员工哪个更重要一样，这是一场毫无结果的争论。要想成功，我们就不应该孤立地思考智力，而应该聚焦于如何整合我们所有的智力。在我进入这一研究领域时，一切都变得非常明朗了：各种智力都很重要，但最重要的是大脑如何将它们编织在一起。因此，问题不应该是哪种智能最重要，而应该是我们如何才能学会驾驭并增强它们。

走向职业成功的三要素

如何预测或测量卓越性？这个问题备受当今企业家的关注，企业领导者们总是会想方设法使自己的团队或公司不只做到“优秀”，还要达到“卓越”。但是，其实自从人类文明形成以来，这个问题就一直存在。最早提出这个问题的是古希腊的哲学家泰勒斯。

泰勒斯想知道大金字塔到底有多高，但它是当时的最高建筑，泰勒斯无法用卷尺来测量它的高度。可惜那时没有网络，否则他就可以用维基百科查一下。

在没有测量能力的情况下，你会如何判断大金字塔的高度？

一开始我想不出办法，这或许可以解释为什么我上高中时的几何成绩很一般。但是，泰勒斯想出了办法。他想，如果测量金字塔影子的长度会怎样？如果能测量影子的长度，或许就能计算出金字塔的高度。但是，随着太阳位置的移动，大金字塔的影子就会变短或变长，所以他很快意识到自己还需要其他信息：什么时候太阳的位置正好能让大金字塔影子的长度和它本身的长度相等。于是他在地上竖起了一根棍子，测量了棍子的高度，然后等待着这根棍子的影子的长度和其高度相等的时刻的到来。也就是在这个时刻，金字塔的影子的长度应该等于金字塔的高度（图 0-1）。

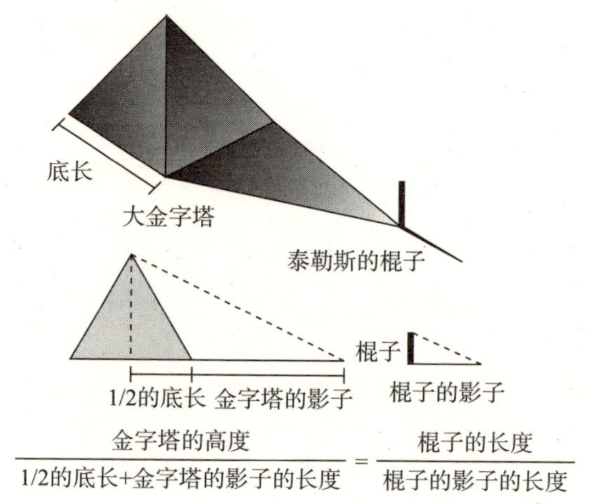

图 0-1 金字塔的高度的测量方式

在没有其他测量方法的情况下，泰勒斯想出了通过三角测量的方式来测金字塔的高度的方法。

在过去这 100 多年里，学术巨头们同样试图对人类的潜能进行三角测量。最近 20 多年来我们了解到，这个三角形的三条边分别是智商、情商和社交商，不过还缺少某些东西（图 0–2）。

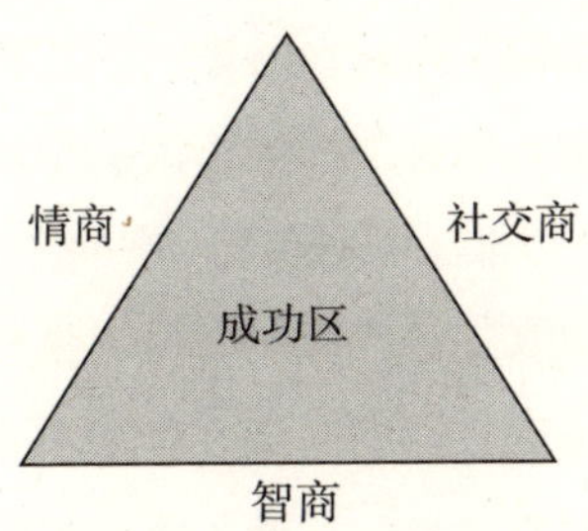

图 0–2 人类潜能三角形

每种智力都有各自的影响力，因此，重要性的影子的长度会不断变化。就像研究宇宙暗物质的科学家一样，我们知道一定存在着一个隐藏的维度，但我们不知道如何测量它。像泰勒斯一样，我们仍然不知道三角形的所有维度。

在经济大衰退时期，我开始和一些公司合作，试图找到被忽略的维度。最初我的目标是帮助企业不再提出那个错误的问题：三角形的哪条边最有价值。但是，我无法就此打住，因为我还有一些真正重要的问题：情感的基础是什么？人们对世界的感知（这不是情感）属于哪一个维度？最重要的是，什么能预测人们将如何运用这 3 种智力创造出卓越不凡的成就？

经过 5 年深入细致的研究，我终于恍然大悟了：三角形隐藏的那条边，就是那条使我们能整合并增强现存的 3 种智力的边，它指的就是看到某种现实的能力，在这种现实中，成功并非遥不可及。

情商、社交商和智商对我们的成功率都会产生一定影响。但这三者都源自同一个地方，那就是处于基础地位的现实。因为在你感受到自己对世界的情感之前、在你与他人交往之前、在你开始解决问题之前，大脑已经创造出了关于成功能否实现的现实。这个现实是一切的关键。正是它让你看到了机会而不是障碍，看到了新道路而不是死胡同，看到了成功而不是失败。

当我在加利福尼亚州做咨询工作时，谷歌的一位资深创新主管对我说，他觉得有些人看到的工作现实与别人看到的不同，因此他们做出的创新或发挥出的领导作用也不同。他说得没错，我们在职场中、在生活中怎样做事很大程度上取决于我们所看到的现实，或者说取决于我们的心态。换句话说，积极特质不仅是所有形式的智力的放大器，而且是它们的前身。本书不会否定有关智商、情商和社交商的研究。智商告诉你需要做什么，情商告诉你如何做，而社交商表明和谁一起做，这 3 种智力是“成功三角形”的三条边。但是**如果你想扩大自己的潜能，就需要先构建积极现实，然后把二维的成功三角形转化为三维的三棱镜**。

你可以拥有很高的智商、情商和社交商，但如果你认为自己怎么做都没有用，那么便永远不会运用这些认知、社会、情感和智力上的资源去达成目标。我们周围或多或少都会有这样的人，他们拥有所有核心的智力，但从来不用它们，因为他们认为反正用不用都没有什么差别。无论是有才华但缺乏积极性的员工，还是聪明但不用功的学生，或是有远见但愤愤不平的领导者，都无法发挥出全部智力，因此也不能激发出全部潜力。

另外一些人则是创造积极现实的专家。这些人在工作中似乎拥有点石成金的本领，他们可以让每一个机会、每一段关系、每一次挫折都变得非常有价值。他们能不断发现新的可能性，能找到方法绕过似乎最无法逾越的障碍，能解决看起来最棘手的问题。

这并不是因为他们看不到世界中的消极现实，而是因为他们更看重自己拥有的改变这些现实的能力。他们能看到地震中发生的悲剧，也知道治疗乳腺癌是非常困难的，并且认识到教育体系中存在着各种不平等，但他们同样会寻找方法帮助地震幸存者，为医疗研究筹集资金，或者不断努力创造更公平的教育体系。这些人就是我所说的具有积极特质的人，在本书中我会探讨如何成为这样的人。

只有当我们有能力在看到和构建出的现实中创造出积极的改变（我们的行为很关键）时，我们才能真正汇聚并利用大脑的全部能力和智力，从而实现前所未有的成功，并获得前所未有的快乐。因此，成功与你拥有多少智能无关，而与你相信自己能运用多少智力有关。改变我们看待智力的方式以及运用智力的方式将改变一切。每一项事业上的成就，从销售量、客户忠诚度或收入的增加到职场晋升，甚至每一项个人生活上的成就，从人际关系质量、生活满意度到更好的健康状态，都取决于这个基本的等式。通过掌握本书介绍的 5 个步骤，你将学会如何将自己的智力三角形转变为成功三棱镜。

在这个过程中，我会分享一些研究，这些研究表明：这 5 个步骤的运用让客服中心的销售额翻了两番，使公司员工的投入程度增加了 31%，将医生诊断的准确率提高了 19%，将疲劳度降低了 23%，使客户推荐率提高了近 30%，大幅改善了客户的满意度，增加了个体活到 95 岁的可能性，并将个体晋升的可能性提高了 40%，等等。

然而，故事远没有结束。积极特质不仅能帮助我们看到更丰富的机会、更多的解决方案以及更多的成功路线，它还能帮助其他人，比如，我们的同事、团队和家人。令人激动的新研究已经证实，**通过分享积极现实，我们还能帮助其他人构建他们自己的积极现实，从而成倍地增加集体智慧**。在本书后面的部分中，你将学会如何运用被称为“积极启动”的方法来收获这些益处。这里有一个好消息：无论你有多少个高等学位、你的智商有多高，或者你多么擅长社交，这些都不重要，任何人只要掌握了本书提供的 5 个步骤，你就可以拥有积极特质。

区分积极现实与积极幻觉

2011 年 11 月，我收到了一封令人激动的电子邮件，邮件来自《哈佛商业评论》。邮件写到，我有关积极优势的研究将会成为他们 2012 年 1 月刊和 2 月刊的封面报道。整期杂志的主题都是围绕快乐如何带来事业的成功展开的。在起草这篇封面报道时，我心里想："这项研究终于成了企业家对如何才能取得成功的主流观点。我们需要让人们认真对待它。我真不希望他们在封面上放一张大大的笑脸。他们绝不能那样做。"在圣诞节期间我收到了那期杂志，只看了一眼，我就禁不住大笑起来。他们果真在封面上放了一张巨大的笑脸，还用美元标志做了两个酒窝。然后我发现这幅图好像有什么不对劲儿，笑脸没有眼睛！这是盲目的快乐，这也正是职场中很多人对快乐的理解。

快乐不等于无视环境中的消极面，而是相信我们有能力改变消极的事物。有一次当我在一家大型技术公司做完演讲后，愉快而开朗的 CEO 热情地送我去机场，这样一来，我们就可以继续探讨如何在他的公司里应用我的研究。我坐进他豪华的黑色凯迪拉克，并系上了安全带。他跳进汽车，但没有系安全带，即使座椅的安全带警报不停地鸣叫，他也不去理会。虽然这是我初次见这位 CEO，但我还是决定问一下："你不系安全带吗？"他充满活力地说："不系，我是一个乐观主义者！"

那不是乐观，而是愚蠢。乐观主义对很多事情都是有益的，但它肯定不能避免其他汽车撞你，它也不能保证你不会穿过挡风玻璃飞出去。因此，由于乐观主义而不系安全带是不理性的。非理性乐观主义的现实建立在愿望和幻觉的基础上，而非基于事实。正是非理性的乐观才造成了金融泡沫，才促使我们购买自己负担不起的房产，才让我们过早地以为任务已经完成了。非理性乐观主义者会透过玫瑰色的眼镜看世界，他们根本意识不到这种有色眼镜不但无法提高他们的视力，反而会造成现实的扭曲。因此，他们的决策和行为总是过于乐观，并且存在缺陷。只有在尊重现实的前提下，你才能为未来做出好的决策。

真正的成功来自积极现实，而非积极幻觉。我们如何才能构建一个既积极又真实的现实呢？

这就是我在世界各地工作时努力想要找到答案的问题。2011 年，当我跟耶鲁大学的研究者阿里·克拉姆（Ali Crum）和萨洛维在瑞士联合银行一起做研究时（这项研究于 2013 年被发表在顶尖的社会心理学杂志上），终于有所突破。

我们发现，如果能改变人们对自己所承受的压力的看法，我们便能改变压力对他们的实际影响。通过给员工展示关于压力对身体的积极影响（这是真实存在的）的视频，我们发现，疲劳感以及其他与压力有关的症状，如背疼、头疼等减少了 23%。在后面的内容中，我会详细地介绍这项研究。这项研究的启示简单来说就是，通过帮助人们看到新的、但同样真实的现实，我们能创造出更积极的结果。在新的现实中，压力具有激励作用，它能带给人活力，而不是让人变得虚弱不堪。

积极特质不是关于悲观和乐观的，也与看见杯子是半空还是半满无关。半空和半满其实并非唯一可能的选择。悲观主义者和乐观主义者都太专注于如何解释眼前的那个玻璃杯，他们可能会忽略第三个事实——桌上有个大水罐，可以用它往杯子里加水。这同样是真实的现实。积极特质就是能看到装得满满的大水罐，以及由此而产生的更丰富的机会、更多的可能性以及更多的成功道路。

如果你对积极特质的 5 个步骤是否能帮助我们克服看似无法逾越的障碍、解决看似无解的问题，或者应对看似无法应对的挑战仍然心存疑惑的话，那么就想一想以下的例子。

> 两名美军突击队员背着沉重的背包，他们抬头仰望着一座高 183 米的小山。山虽然不高，但两人刚刚经历过激烈的战斗，他们已经感到身心俱疲。第一位士兵判断这座山大约高 275 米。他不仅错误地判断了这座山的高度，而且把自己的感知当成了事实。他的大脑越觉得山高不可攀，他的身体就会变得越疲惫。尽管后面有敌人的重兵追击，但他瘫坐下来，准备放弃登山。既然大脑已经告诉他不可能取得成功了，那么他为什么还要费

力爬山呢?

然而并非所有人都失去了希望。他的女同伴振作起了精神,因为她具有积极特质。

尽管他的女同伴同样很疲惫,而且还受了伤,但在仰望小山时,她那训练有素的大脑准确地判断出了这座山的高度,还估计出了登山的时间。这让她有了动力和干劲儿,于是她激励并拉起男同伴一起攀登,并很快爬了15米。爬上去后她发现了一条不太陡且没有很多碎石的登山路,它可以通往直升机撤离点。现在她的大脑确信她可以取得成功,这使她能够充分利用自己的认知资源,从而规划出了最佳登山路线。她感到更加积极,也更加确信她能将自己和同伴带到山顶,在那里直升机会营救他们。她的大脑释放出额外的能量储备——成功加速剂,这使她能够汇聚起自己身体和情感上的资源来帮助同伴登山。在消除了内部和外部所有的干扰噪声(怀疑和枪声)之后,她拉起同伴向撤离点走去。在登山的过程中,她不断地告诉同伴他们能成功,直到同伴也产生了登山的动力和力量。不久之后,他们便到达了山顶,并获得了营救。成功成了他们的现实。

这并不完全是一个假设的故事,它其实基于一个真实的实验。做这个实验的研究者是弗吉尼亚大学的丹尼斯·普罗菲特(Dennis Proffitt),他想通过实验查看大脑是如何感知实际空间的。他和同事发现,当大脑处于消极或疲劳状态时,人们就会感觉山的高度明显比实际的高、背包重量明显比实际的重。而且这一原则不只适用于徒步旅行。进一步的研究显示,当我们的心态比较消极时,所有负荷似乎都变得更重了,所有障碍似乎都变得更巨大了,所有山峰似乎都变得更难攀登了。在职场中尤其如此,当我们用消极的心态来看待压力、工作负担和竞争时,我们的绩效就会降低。

在上面的例子中,如果那位突击队员不先创造积极现实,那么光有智商、情商、社交商或者任何两者的组合都是救不了他们的，毕竟语法知识和计算标准差的能力无法让士兵们登上山顶。同样，调节情绪或处理复杂社交状况的能力也不能让他们登上山顶，但积极现实能做到这一点。

在上述故事中，第二位突击队员运用了积极特质的 5 个步骤，你也将在本书中学会它们。首先，在她感知到的现实中，成功是有可能实现的（步骤 1）；接下来，她规划出了成功的路线（步骤 2）；一旦取得了进步，她的大脑就能释放出成功加速剂，从而帮助她更快地实现目标（步骤 3）；她始终能消除具有干扰性和破坏性的消极噪声（步骤 4）；最后，一旦开始收获积极现实的益处，她便通过向队友传递这种现实的做法实现了积极启动（步骤 5）。

这些就是你将在本书中学习到的技能。

1. 构建积极现实
看到其他人看不到的机会

- 大脑总是会关注某些细节，如果改变它所关注的细节，你便会发现存在着多种多样的现实。
- 训练大脑增加观察点并从更广阔的视角来看世界，从而看到更大范围的现实。
- 运用被称为积极比的简单原则来选择最有价值的现实，这种现实就是既真实又积极的现实。

2. 绘制心理地图
为自己规划职业成功路线

- 强调人生中的意义里程碑，学会将真正有意义的领域与陷阱、心理劫持者区分开，找到并设置更好的目标。
- 围绕那些意义里程碑重新去定位你的心理地图，从而绘制出通往目标更直接的路线。
- 在绘制逃跑路线之前先绘制成功路线，坚定不移地走在通往成功的道路上。

3. 寻找兴奋点

加速迈向成功

- 靠近目标以提高干劲儿。为了让目标显得离你更近，你应该争取抢先起步的优势，设定递进式的子目标，强调已取得的进步，而不是强调还未完成的任务。
- 放大达成目标的可能性。为了让自己觉得目标是有可能实现的，你应该创造“胜利时刻”，提醒自己已取得的小成功，减少大脑中感知到的竞争者的数量，选择你觉得至少有七成把握能实现的目标。
- 把主要精力留给关键目标。保存并更好地引导你的认知资源，从客观的角度去看待任务，而不要总想着自己需要付出多少努力。不要总专注于让你感到担忧或害怕的事情。

4. 消除噪声

消除消极现实，加强积极信号

- 学会消除消极的或没用的信息（噪声），它们只会干扰你。留下真实可靠的信息（信号），让它们帮助你充分发挥潜能。
- 通过了解噪声的 4 个标准来磨炼你区分噪声和信号的能力。
- 运用简单的策略改善你收听信号的能力，将噪声量总体降低 5%。
- 学会通过发出 3 种积极能量波来主动地消除内部噪声，比如，担忧、恐惧、焦虑和悲观。

5. 传播积极特质

让全员彼此激发

- 当你为自己创造出积极现实后，便可以学习如何将它传递给其他人，从而收获呈指数级增长的集体智慧的益处。
- 创造简单的、容易复制的积极模式和习惯并传播它们，从而使其他人也能获得成功。
- 通过在交谈中获得“领先优势”来改变社交状态，从而发挥更积极的影响并增加别人采纳你的现实的可能性。

- 通过利用情感来巧妙地分享有意义的叙述，从而在其他人的现实中播种意义。
- 创造可再生、可持续的积极能量来源，它能激励并汇聚周围人丰富的集体智慧。

一旦掌握了这 5 个步骤，你便会在几乎所有的个人生活领域和职业领域中看到改变。你会变得更有活力、更积极主动、更富有成效。你的观点会变得更有创意，从而能带来更好的成果。你会突然开始看到绕过障碍的新路线，以及实现目标的更快捷的途径。压力和逆境不再令你踌躇不前，你将有能力把它们转变为成长的机会。一旦你掌握了最后一个步骤——传播积极特质，你便能将自己积极特质的光芒折射到同事、客户、家人以及周围其他人身上。

将研究应用于生活

如果你读过有关幸福、商业或领导力的书籍，那么你可能已经注意到了我所注意的事情：如果这些书曾经引用过某些研究成果的话，那么它们通常会引用很多相同或类似的研究。因此，我不仅会努力在每个“步骤”中为你展现近十年的最新研究，还会引用一些不太出名，但同样具有突破性的研究——它们是我的同事做的研究，还从来没有出现在商业书籍中。

虽然这类研究既非常吸引人，又颇具启发性，但除非被运用到生活中，否则它们都毫无用处。我写这本书不只是为了娱乐或启发读者，而是要探讨如何运用积极特质来提高工作绩效，实现职业目标和抱负，并提高你获得成功的可能性。这就是为什么我在书中会写真实世界中的故事，会写我在教授这些步骤的过程中经历的事件，其中包括：在股价下跌 40% 的情况下提升美国银行的积极特质；在强生遭遇历史上最大一次召回事件时，对公司领导进行培训以提升其积极特质；促成 Adobe 公司和谷歌公司的合作；通过建立有意义的社会互动，来帮助雨果博斯公司（Hugo Boss）实现转型。通过阅读所有这些研究、故事和基于研究产生的策略，在读完本书时，你将深刻地领悟到如何才能创造出更好的现实，以及放大生活中的快乐与成功，更重要的是，你会明白如何才能将积极现实传递给其他人。

当读完这本书时，你将学会运用包含 5 个步骤的过程来激发潜藏的能力，并用它来改变自己生活的方方面面。

步骤 1：

构建积极现实

看到其他人看不到的机会

BEFORE HAPPINESS

BEFORE HAPPINESS

有价值的现实能给我们带来最大的成效，从而使我们的收入增加。如果我们希望有能力挑选出这类现实，那么就应该先认识到一点，那就是我们够选择自己对外部世界的客观事实进行解释的方式。我是在太平洋海面下 100 多米的深处艰难地领悟到这一点的。

在我读军校的第二年，我们 13 位未来的海军军官登上了一艘核潜艇，并驶离了加利福尼亚州的海岸。在航行的第一个晚上，我和同行的学员获得了与指挥官，也就是艇长共进晚餐的机会。我们从没有见过他，不过从其他士兵那里对他已经有所耳闻。他绝不是一个用笑脸进行领导的人，士兵们都很怕他，他们警告我们说千万不要在他面前犯错。我当时天真地想，我是绝对不会出问题的。

核潜艇中最好的地方就是指挥官吃饭的小房间，那张餐桌可供 12 个人用餐。厨师已经摆好了热气腾腾的美味食物，但我根本没工夫去注意它们，因为我迷路了，迟到了几分钟，都怪核潜艇上迷宫一样的走廊。我以百米冲刺的速度跑进用餐的房间，上气不接下气，担心指挥官会大发雷霆。我马上溜到自己的位置坐下，没敢往周围瞟一眼。一眨眼的工夫，不苟言笑的指挥官便走进了房间，后面跟着神情紧张的副指挥。副指挥的身体语言是“伴君如伴虎”这一谚语的最佳证明。

副指挥立即扫视了一眼房间，他发现我的行为严重违反了规程：在指挥官依然站着的时候，其他人绝不能坐下。这时我才注意到所有人都充满敬意地站在椅子后面，等着指挥官先落座。我非常惊恐，立即把我的椅子往后拉，想像其他人一样立正站好。但那是我在核潜艇上的第一个晚上，我对于核潜艇上的各种设计还不太了解，比如核潜艇上的椅子都被螺栓固定在地上。

我拼命地想向后拉椅子，以便让自己能站起来，但它纹丝不动，那情景看起来好像是我在椅子上轻微癫痫发作，而其他人正向指挥官表达着得体的敬意。当我终于站起来的时候，其他人已经坐下了，而我是唯一尴尬地站在那里的人。

虽然我从吃晚餐迟到中深深吸取了教训，但我依然不明白一件事：为什么椅子要被固定在地上？第二天凌晨 4 点钟的时候，我找到了答案。

我想指挥官一定已经把我看成是一个笨手笨脚的傻瓜了，所以当他派一位军官在半夜里把我叫醒并带到控制中心时，可想而知我有多么吃惊！当他说把我叫到这里是为了让我有机会试着掌掌舵时，可想而知我有多么震惊！（后来我发现，这是指挥官教训年轻军官尤其是像我这样的菜鸟的一部分。）

我顺从地接过方向盘，在我驾驶了几百米后，指挥官喝了一小口咖啡（咖啡杯上写着“世界上最棒的老板”），然后平静地发出了一条命令：下潜。在场的 4 名军官开始紧急地大叫：“下潜！下潜！下潜！”我本能地按下了操纵装置，整个核潜艇便开始以 60° 角向大洋深处下潜。核潜艇的船身发出了各种声响，我突然感到地面从我的脚下滑走了。一开始由于太激动，我的脑中一片空白，但当我往周围看的时候，突然明白了椅子为什么被固定在地面上。房间已经转向了一边，刚才的“地面”向着刚才天花板的方向转过了 60° 角。如果椅子没有被固定在地面上，它们便会飞起来。就在这时，一位军官解释说，我刚才在毫不知情的情况下参与了“角度与悬挂演习”（图 1-1）。

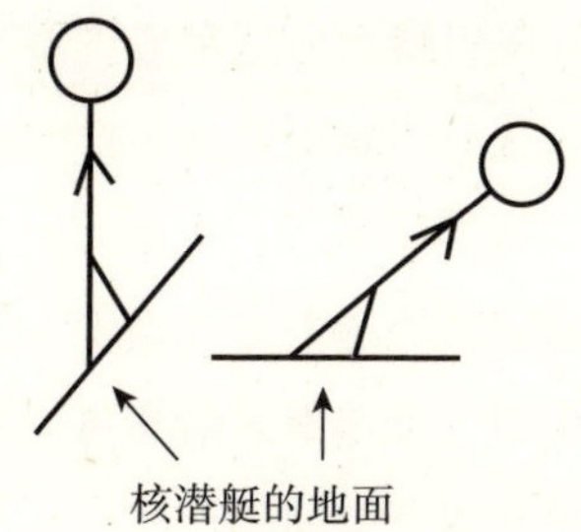

图1-1 角度与悬挂演习

接着，指挥官指导我用力上拉操纵装置，直到核潜艇露出水面。当核潜艇完全露出来之后，它像一条精疲力竭的大鲶鱼一样又扑通一声重新落回水下，这景象在岸上的人看来一定非常壮观。控制室再次回到了它原来的位置。

我讲这个故事既不是要说明核潜艇上的椅子为什么被固定住，也不是要说明为什么应该按时出席海军核潜艇指挥官的晚餐。在这个故事中，我认为角度与悬挂演习是最重要的，它与大脑感知多种现实的能力有关。在那天之前，我的大脑假定“地面 = 下面”，那就是我的现实。但在核潜艇上就不是这样了，正如我那天领会到的那样，在核潜艇上，地面可以在上面、下面、侧面，或者呈 60° 角。因为指挥官有多年的经验，所以他可以轻易地看到这种现实。那就是为什么他可以自如地坐在那里喝咖啡，而我却向后飞进了被固定住的椅子里。他甚至没有洒出一滴咖啡。

角度与悬挂演习对大脑研究者来说真是一大馈赠，因为它完美地展示了我们的大脑在形成它对世界的感知时是如何走捷径的（心理学家称之为启发法）。把地面等同于下面是最简单的启发，因为从直觉上来看，这是合理的。在绝大多数情况下，重力始终与地面垂直，因此，大脑便走了捷径，假定地面总是在下面。但是，正如角度与悬挂演习所展示的那样，在某些情况下，捷径会误导我们。假设地面从脚下滑走了，那么世界看起来就会完全不同。就是在那时，我开始意识到世界上存在着多种多样的现实，它们与我们大脑中固有的现实一样真实。正如我之后的研究所证实的那样，要想将智力三角形扩展为三维的成功三棱镜，第一步就是发展超越捷径的能力，从而感知到多种多样的现实。

不过不用担心，发展超越捷径的能力并不困难。像其他人一样，你所感知到的某种现实正影响着你在生活中、工作中做出的每一个决定，以及采取的每一个行动。问题是，你的现实对你真的有帮助吗？

心理原理

来自全球心理学实验室的研究显示，处于相同状况、相同外部环境中的两个人对世界的感知会完全不同，而他们的感知都是真实的。由于大脑每秒钟只能加工 40 比特的信息，因此，你只能从感官接收到的 1 100 万比特信息中进行选择。其实并不存在单一的现实。在既定的每一秒钟里，有几百万种构建现实的可能性，它完全取决于大脑选择加工什么信息。

因此，如果你的现实是一种选择，那么接下来的重要问题就是：你是否选择了能帮助自己驾驭多种智力的现实？只有这样，你才能充分发挥潜能，从而获得更大的成功、更多的成长。如果你没有做出那样的选择，如何才能挑选出一个更有价值的现实？

在“步骤 1”中，你将学会 3 条得到证实的策略，你可以用它们来改善你的现实，从而在工作中变得更积极投入、更富有成效、更有创意：

- 策略 1：关注事情的其他面。
- 策略 2：多维审视你的事业。
- 策略 3：找到最值得投入精力的点。

策略 1：关注事情的其他面

积极特质第一个也是最重要的工具之一是能认识到现实存在着多个版本。否则，即使当外部世界发生改变时，你的大脑仍会反复形成相同的消极现实。或许你的办公室里就有这样的人，虽然外部世界已经变得积极了，但他们看到的依然是消极现实。我与耶鲁大学的研究者在瑞士联合银行合作进行的研究显示，**只要改变你选择去关注的事实，你便能显著改善自己对工作压力的反应，并在一周内将疲劳症状减少 23%**。如采取“压力具有提升作用”的心态后，你便可以大幅减少压力导致的消极影响，比如，头疼、背疼以及疲劳。虽然压力是不可避免的，但它的消极影响是可以避免的。在这个部分，我将揭示如何通过认识到现实存在着多个版本来改变外部世界对你的影响。这样做不仅能改善你的工作绩效和成功水平，还能改善你的健康状况。

2008—2011 年的经济危机和衰退造成了职场中的“角度与悬挂演习”，数以万计的人感到地面好像从他们的脚下滑走了。因为当时我参与了非营利性团体和临时机构的咨询服务，他们试图帮助失业者找到工作，所以我亲眼见证了这场危机给人们造成的影响。很多人失去了工作，这些人突然发现自己为之效力 20 年的公司像扔掉烫手山芋一样把他们解雇掉了，他们没有任何退路，他们的退休账户投资突然减少了一半。当我与诸如瑞士联合银行这样的公司中的裁员幸存者一起合作的时候，我看到华尔街也受到了冲击。瑞士联合银行经历了 3 次大规模的重组。那些好不容易逃过裁员一劫的人虽然保住了工作，但他们现在要做更多人的工作，收入更低，而且承受着更大的压力。他们曾经笃信的现实——收入会永远增加，彻底不存在了。他们无疑会难以继续保持积极投入，难以继续满怀信心，他们的职场表现无疑会变差。

那时我注意到了一些事情：那些设法在混乱中保持工作效率，甚至做得更优秀的员工和领导者是那些最快放弃世界应该是什么样子的信念的人。他们能清醒地看到，除了他们习以为常的现实之外，还有其他现实。或许在其他现实中，他们不得不住在小公寓里，而不是豪宅里；他们必须计划着花钱，而不能随意消费。但是，他们有意识地决定接纳这些现实，而不是逃避。最终，那些欣然接纳新现实的人重新振作了起来，而顽固地坚持旧现实的人则陷入了无助和失败的困境。

在这场经济领域中的大型的“角度与悬挂演习”中，这一发现给了我灵感，它促使我进一步探究积极特质的第一个步骤如何能帮助企业保持盈利，并且帮助员工保持积极投入和工作的高效率。

重新思考压力

我们都曾有过这样的经历：深夜躺在床上难以入眠，紧张不安，胡思乱想。我们的身体非常想好好睡一觉，但大脑就是不肯停歇。当我得知自己的研究将成为《哈佛商业评论》上的特辑时，我就经历了这样的一晚。

我上床睡觉时已经是半夜了，可是凌晨两点时我依然没睡着，还在琢磨着我当时正在写的书——《发现你的积极优势》，我感到既担忧又紧张。为了让头脑放松一下，我打开了笔记本电脑，开始观看《每日秀》（*The Daily Show*）的剪辑片段。这时，屏幕上出现了一种很受欢迎的安眠药的广告，广告信誓旦旦地说，只要我服用了这种药片，便能马上睡着。真棒，我动心了！但在接下来的 40 秒钟里，一个温柔舒缓的声音补充说，如果服用了这种药，我可能就会癫痫发作、突发心脏病、产生幻觉、脾气变大甚至自杀。看完这样的广告后，我知道如果自己服用了这种药，我就会因为担心它的副作用而更加睡不着。一开始我以为这是主持人的插科打诨，后来才意识到它不是玩笑，而是真正的广告。就在那时，我渐渐明白了，这则广告跟各种管理职场压力的培训和讲座是多么类似！

在过去 40 多年里，许多公司会请来培训师和教练，试图让他们帮助员工减轻压力（公司的理念是，压力较小的员工会更有效率，而且这可以减轻公司对员工健康的责任）。为了让公司和员工认真对待压力问题，大多数这类培训师和教练会强调压力具有怎样可怕的现实。他们所强调的压力的副作用包括：

- 压力与 6 种导致死亡的主要原因都存在联系。
- 70% ～ 90% 的疾病源于与压力有关的问题。
- 压力对大多数身体器官都具有消极影响。

然后他们说："享受美好的一天，尽量不要有压力！"那听起来就像当飞机引擎发出诡异的声音时，机长对乘客们广播道："乘客们，请享受美妙的飞行吧！"如果你像我一样，在听到这样一堆"副作用"后，会回到办公室，使劲握紧减压球，并在心里想着"千万不要有压力！千万不要有压力！"，那么你可能就会整天为不要有压力而紧张兮兮。颇具讽刺意味的是，充满关切的经理可能会因此让你参加更多的减压计划，而你会进一步了解到压力真的非常糟糕。

压力对我们的工作和健康确实是有害的。无数书籍和大量的研究性期刊都对这个主题进行了探讨。但是，这并非压力研究的全部。大量研究显示，**如果处理得当，压力就能对我们的绩效和整体健康状况产生提升作用**。这里存在着一个不同的、但同样真实的现实，在这个现实中，压力对我们其实是有益的。

就像想着安眠药的副作用会让我一晚上睡不着一样，只盯着压力的消极影响也会让情况变得更糟糕。因此，当我躺在床上辗转难眠时，我不禁会想，如果重新塑造我们对压力的看法，强调它的积极作用而非消极作用，那么会怎样？就像核潜艇中的地面不总在下面一样，压力也并不总是有害的。如果我们能用与积极特质有关的工具来改变感知压力的方式，那么是否能减少压力对大脑和身体的消极影响呢？

为了验证这个想法，我和耶鲁大学的研究者克拉姆、萨洛维以及瑞士联合银行的高层领导组成了研究小组，我们招募了 380 名经理参与实验，为的是验证我们是否能通过让人们看到其他同样真实的现实，从而将压力的影响从使人疲惫、虚弱转变为使人更强、更好。

我们将这 380 名经理分成了两组，分别给他们看了两段不同的录像，时间都是 3 分钟。第一组经理看到的录像中包含前面提到的企业减压培训中通常会强调的有关压力的统计结果，另外还包括其他一些发现，比如：

- 估计有 100 万名员工因为有与压力相关的疾病，每周平均有一天不能上班。
- 压力对生殖、成长和免疫系统都会造成影响，它被认为是人类生存的一大威胁。

第二组经理观看的是另一种论调的录像，它强调，科学研究发现压力能帮助大脑发挥出更大的能力，改善记忆，提升智力，甚至有助于身体损伤的恢复：

- 应激反应中释放出的激素能改善人们在认知任务和记忆任务上的表现。
- 压力会使感知范围缩小，汇聚注意力资源，从而提高大脑加工信息的速度。
- 压力对身体康复和免疫的生理过程会产生积极的影响，从而促进心理健康。
- 在一些情况下，压力和逆境能使人内心更坚强，加强其社会情感联结，增加一个人对优先事项的投入，使其意义感更强，这种现象被称为“创伤后成长”。

一周之后，我们将两个小组的成员再次召集在了一起。为了查看两段录像对压力水平的影响，我们采用了几种测量方法来对这些经理进行评估，其中包括压力心态测量（Stress Mindset Measure）、工作绩效量表（Work Performance Scale）、生活质量问卷（Quality of Life Inventory），以及包含 77 个问题在内的情绪和焦虑问卷（Mood and Anxiety Symptom Questionnaire，能评估身体症状，以及和情绪有关的症状），这些是心理学家用来评估健康与压力的最佳指标。我们的研究结果非常显著，那些观看了强调压力正面作用录像的经理报告说，他们与压力有关的身体症状，比如，头疼、背疼和疲劳减少了 23%。另外，在评级为 1 ～ 4 的工作效率评估中，员工的评级从 1.9 上升到了 2.6，提高了近 30%。

受到这些结果的鼓舞，克拉姆和我在被称为"重新思考压力"的计划中对 200 名经理进行了培训。这项培训告诉员工，不要为压力感到紧张，他们也可以在工作中利用压力的优点。这个过程包括 3 个步骤：意识到压力；寻找压力背后的意义（例如，"这个项目之所以让我感到有压力，是因为如果我成功了，便会得到提拔"）；接下来最重要的是，利用应激反应来提高积极性，从而提高工作效率。这项实验的效果甚至更惊人。不仅员工的忧虑苦恼减少了，而且压力还带来了更大的益处。经理们的工作效率提高了，健康状况也得到了改善，而这些变化都是因为他们开始看到有关压力的另一种现实。在这种现实中，压力会对身体和大脑产生积极的影响。

我们能从上面的示例中学到什么？那就是不要再与压力斗争了。

心理原理

压力是一种"战斗或逃跑"反应。当你抵抗或逃避压力时，你的处境只会变得更糟。与之相反，当压力出现时，你应该承认压力其实能提高工作效率、改善绩效，并思考你所承受的压力背后有什么意义。

这很容易，毕竟你不会对毫无意义的事情感到有压力。例如，工作之所以会让你感到有压力，是因为你需要养家糊口，或者想去世界各地多看看，或者希望具备一些影响力。当我们将压力背后的意义与活动相分离时，大脑就会进行反抗。因此，如果你对面试感到有压力，那么就将关注点放到职业发展的机会上，你会因此振奋很多。如果你因为要给某个组织做汇报演示而感到有压力，那么就想一想与那个组织建立的关系对能给你带来的巨大价值。

克拉姆会用一个巧妙的方法提醒自己不要对抗压力，而是要信任它、接纳它。她会将门把手作为接纳压力的心理定位点。例如，每当她打开门准备参加一个会议、一场演讲或一个面试时，门把手就会引导她的大脑去信任压力，在当时那种情形下接纳压力可能就会提升她的表现。试着形成你自己的定位点，提醒自己不要抗击工作中遇到的压力。

我并不是说压力总是积极的，或者试图反驳有关压力确实会造成消极影响的文献，我只是想表明有多种看待压力影响的方式，一个人面对压力的心态会决定他将做出怎样的反应。工作中存在压力是现实。正如爱国者队主教练比尔·贝利奇克（Bill Belichick）所说："是什么就是什么。"不过，虽然压力不可避免，但它的消极影响是可以避免的。

肖恩
独家观点

让压力为你服务。不要抵抗或逃避压力，想一想压力事件背后的意义。如果压力中没有蕴藏着对你很重要的事情，那么你便不会感到有压力。例如，如果我告诉你一个被随机选出来的孩子英语考试不及格，你就不会感到有压力。但是如果我告诉你，你的孩子考试不及格，你就会感到有压力了。压力来自意义。只有当我们忘记了压力背后的意义时，压力才会变得令人疲惫、虚弱。重新将意义与压力联系起来，在环境中设定线索来提醒自己为什么压力具有提升、加强的作用，而不是削弱的作用。

研究显示，压力，哪怕是很大的压力，也能使人们的内心变得更坚强，加深人际关系，增强成功意识，产生新视角，从而让人获得掌控感，对生活更加心存感激，获得更强的意义感，更加重视优先事项。斯坦福大学的医生发现，由于压力会促进身体释放出生长激素，而生长激素有助于修复细胞，合成蛋白质并提高免疫力，因此，如果一个人在膝盖手术前产生了应激反应，那么他在术后会恢复得更快。

扩展你的视角

有一个神经科学家老爸有利也有弊。一方面，你会养成一些非常宝贵的习惯，比如，在骑自行车的时候总戴着头盔；你绝不会尝试吸毒，因为没有什么比让你看到一个真实的、被毒品损害的大脑更能令你远离毒品。另一方面，你永远别想从事职业橄榄球运动（我差点儿就成了职业橄榄球运动员），而且你会经常成为实验对象。

这里有一个很无害的实验，它与我小时候去我爸爸办公室时，他对我做的一个实验很类似。它被称为咖啡杯实验，该实验能训练你的大脑看到多种现实。注意，这个实验不会让你摄入咖啡因，或许这就是我妈妈开绿灯让我去做这个实验的原因（肯定有一些实验在做完之前，爸爸并没有跟她说）。

实验要求：在一张纸上粗略地画出一个咖啡杯和一个茶托。

听起来很简单，对吗？你也许会感到奇怪。几年前，我让摩根士丹利美邦公司（Morgan Stanley Smith Barney）的经理们做过这个实验。我怎么才能委婉地表达自己对他们的画的感受呢？瞎眼的、四肢瘫痪的、没有受过任何美术训练的猫或许都能画得比他们强一点儿，摩根士丹利美邦公司的雇用标准显然不是美术技能。

然而，当我再一次做这个实验，让同一批人尽量发挥创意的时候，尽管仍然不是真正的绘画，但他们的表现好了一些。现在我看到的不再是普通的咖啡杯，它们看起来像《夺宝奇兵》（*Indiana Jones*）中圣杯的赝品，甚至有着别出心裁的龙形把手。我看到了各种大大小小的杯子，就像那位海军指挥官的写着“世界上最棒的老板”的杯子一样很多杯子上还写着口号。200 名员工画出了 200 种千差万别的杯子，各自有着独特的形状、大小和图案。

虽然每个杯子都个性十足，但这些画有一个共同点：所有的杯子都是从侧面来画的，而不是从上面来画的。

研究发现，大多数人在画咖啡杯的时候会从侧面来画，而不是从上面来画。为什么呢？我们肯定都站着看过咖啡杯，为什么没有人想过画一个从上面看的咖啡杯呢？

做一做你自己的咖啡杯实验，它有助于你扩展视角。当然，不一定是画咖啡杯，你可以选择日常生活中的任何物品。不仅要想到物品不同的形状、大小和样式，还要想到不同的角度和观察点。一开始你可能觉得这样做傻傻的，但培养这种技能会让你受益匪浅，因为它有助于你发挥出全面的智力，从而发现其他人看不到的细节、联系和解决方案。

当我们试图用一种智力来解决问题时，我们可能看到了不同的解决方案（在这个实验中就是不同风格的杯子），但视角都是同一个。只有当我们整合了各种智力时，才能获得所有视角的观点。然而为了达到这个目的，你还需要掌握第二条策略——多维审视你的事业。

策略 2：多维审视你的事业

在神经科学和积极心理学中，观察点的定义是你能通过它来观察事实，并运用这些事实来创造你的现实。例如，如果你从办公室的某个观察点来观察门，你就会看到一扇很容易被拉开的门。如果从另一个角度或观察点看，例如，在走廊里看，你可能就会看到一扇需要你用力推的门。两个动作其实都能把门打开，只是看你在门的哪一侧。如果经理能够看到用惩罚推动员工和用奖励激励员工都能达到相同的目的，但在当前的情形下奖励会比惩罚更有效，那么结果会怎样？结果一定是整个团队变得更加积极主动了，工作效率也变得更高了。

研究显示，在职场中，仅基于一个观察点的现实是有局限性的，而且充满了盲点，这会妨碍前进的脚步。例如，假设你把钥匙落在了汽车里，如果你只从一面车窗往里看，可能就会看不到钥匙。但是如果你变换观察点，从另一面车窗、另一个角度往里看，你就能看到钥匙。职场中发生的情况也是如此。我的研究发现，增加观察点，即在评价自己的选择时改变视角，能够显著提高你看到有价值的新细节的能力。你的视野会变宽，这有助于你发现更全面的观点和解决方案。另外，研究者发现，增加观察点的能力对创造力和创新非常重要。仅仅通过增加观察点，你便能够将智商、情商及社交商结合在一起，从而解决更大的问题，并实现更雄心勃勃的目标。换句话说，如果你想找到成功的钥匙，那么就需要透过不同的车窗去看。

如果你穿过芝加哥艺术学院（Art Institute of Chicago）的大门，进入中世纪艺术区，你就会注意到有些事情非常不对劲儿。就像午餐时喝了两杯马提尼那样，你的视觉好像被扭曲了。如果在这个房间里多待一会儿，你便会逐渐意识到是绘画作品让你出现了眩晕感——这些绘画作品缺乏透视关系。我并不是说那些中世纪的艺术家缺乏情商和洞察力，而是说虽然他们的作品具有深刻的见解和情感，但确实缺乏透视深度；这些画家很难在二维的画布上描绘三维的世界。如果你是一位画家，便会知道这是为什么，三维绘画需要有多个观察点。如果没有第三个维度，整个画面会不成比例，远处的物体看起来和眼前的物体一样大，反之亦然。如果没有透视深度，你便看不出什么东西大、什么东西小，什么东西近、什么东西远。

如今，职场中的很多人也存在类似的缺乏视角的问题，这严重损害了我们以正常比例看世界的能力。就像人们在中世纪的绘画作品中看到的建筑物都一般大一样，我们中的很多人错误地以为生活中的积极面和消极面在数量和重要性方面是相同的。例如，一次小小的挫败、失去了一个客户或搞砸了一个小项目，会被我们无限地放大，甚至大过我们取得的成就和成功，比如我们刚刚完成的报告或好几个胜利结束的项目。2011 年，我前往伦敦为一家公司做咨询。这家公司的员工积极投入的评级仅为 1 星，而员工积极投入程度最高的评级是 3 星。他们不仅雇用了行业中最优秀的人才，而且不断进行 360 度反馈评估培训，以提升员工的情商。但是，为什么员工的表现还是如此乏善可陈呢？因为他们的现实缺少观察点。

很多员工只看到了当前的经济环境，他们看到自己做了大量的工作，但公司在销售方面收获很少。他们看到很多主管跳槽去了其他公司。他们认为过去一年里什么都没有改变，公司的利润水平仍和两年前一样。就像中世纪的画家画不出三维图像一样，这家公司里的很多人也陷入了二维现实。他们没有意识到的是，虽然财务报表上的数字没有什么改变，但他们的销售额超过了所有竞争者，甚至超过了比他们大得多的公司。另外，他们完全忽视了一个事实，那就是离开公司的主管都是冗余的、赋闲的，他们的离开正好给真正的人才腾出了上升的空间。很多员工没有看到一个惊人的事实，那就是即使在近年来最大的经济衰退时期，公司的销售额也没有出现下降。如果他们能从这些观察点来看待公司，那么他们就会发现一个非常积极且令人信服的现实。在这个现实中，业绩增长指日可待。

细节之中见视角

作为哈佛人，我会尽量避开耶鲁不谈……不过他们有一件事做得很好，我的妹夫读的是耶鲁大学医学院，在极其密集的医学训练过程中，他的教授曾带全班同学去了美术馆。这样做的目的不是让耶鲁的学生接触到文化（如果他们对文化感兴趣，一开始就不会选择耶鲁大学）。教授带他们走出课堂的真正原因是让他们懂得视角的重要性，帮助他们训练大脑以增加观察点，这样一来，他们便能够看到多维的世界了。

这是一个充满勇气的赌博。这些学生都是极其忙碌的未来医生，他们正在学习生物学和解剖学的秘密，以便将来拯救人类的生命，比如治疗诸如癌症那样的疾病。现在教授却把他们带到了美术馆，要求他们盯着几个世纪前的绘画作品看，并对画中的每个人物进行诊断。不过，据耶鲁大学医学院的欧文·布雷弗曼（Irwin Braverman）教授和耶鲁大学英国艺术中心（Yale Center for British Art）的馆长琳达·弗里德伦德（Linda Friedlaender）说，这个练习有助于提高医学生治病救人的技能。正如一名医学院学生所说："这让我注意到我的眼睛不曾看到的事物。通过用我自己的头脑去思考它们并和同伴分享，我能看到更完整的事实，从而以更接近现实的方式将各个部分汇集在一起。"

这种教学模式的成功可不只是奇闻趣事。《美国医学会杂志》（*Journal of the American Medical Association*）报道称，这门课程使学生发现重要医学细节的能力提高了 10%，这真令人吃惊！他们一旦看到更全面的细节，便能更好地利用他们的智商、情商以及其他认知能力，从而将这些细节编织起来，最终看到之前忽略的联系。换句话说，那些细节就是扩展他们视角的观察点，这些观察点会使他们在工作中获得更大的成功。

假设一位患者患了中风并因此导致一只眼睛失明，她来到耶鲁纽黑文医院（Yale-New Haven Hospital）进行检查，医生会把注意力集中在那只失明的眼睛上。他们推断是中风引起的堵塞导致了眼睛失明。这时，其中一位医生突然惊呼道："哦，看看她的嘴唇！"看着患者的嘴唇，那位医生注意到了其他人忽视的细节：一种遗传性疾病的明显标志，这种疾病被称为出血性毛细血管扩张症。如果没有被尽早发现，这种病就会让肺部得不到氧气并导致死亡。通过采取其他观察点的方式，那位医生可以说救了患者的命。

在医学领域以及其他各种职业领域中，人们很容易始终只从一个观察点来看待事物。通过接受大脑方面的训练以便看到更多的观察点，学生们学会了用更广博、更深邃的视角来看问题。20 多年过去了，如今所有耶鲁大学医学院的一年级学生都会被带去上一堂艺术课，另外，现在已经有 20 多所医学院开设了这门课程。

这里有一个帮助你在职场中增加观察点的简单练习。问你一个看似很简单的问题：你认为自己目前的工作是什么样的？把你的答案写在一张小纸片上。现在花点儿时间想一想你刚才写下来的内容。你眼中的现实是否忽略了一些重要的细节？如果你认为工作环境不稳定，那么你是否同样注意到了晋升的机会？如果你认为工作负担沉重，那么你是否同样注意到了自己承担着很多责任，并掌握着很大权力？如果你认为工作压力很大，那么你是否同样注意到了你的社会支持网络以及与同事的紧密关系？

现在，同样采用真实的但对工作状况进行另一种不同的描述。最后，写出有关工作状况的第三个版本的现实，其中包含前两种现实中没有的细节。这会比较困难，你会觉得好像自己的大脑不得不做拉伸运动，但请坚持这样做。或许这个细节清单中包括帮助他人的机会，为客户提供服务的使命，创办新企业的兴奋或发明新产品的刺激。我们的目标是看到 3 种现实，并且它们都是以事实为基础的。

增加观察点的做法能让你看到其他人还没有意识到但可以利用的新可能性，可以踏上的新创业之路，需要满足的新客户，需要开拓的新业务以及问题的新解决方案。另外，**从不同的角度看待现实不仅能让你看到更丰富的机会、观点和解决方法，而且有助于你加深与团队、组织和家庭的连接**。

2009 年，我曾为数千名华尔街的银行家们做过咨询，他们不仅因为得不到奖金而大为恼火，还因为行业的崩溃而忧心忡忡。纽约一家最大的银行的总经理对我说，他已经找到一种方法来获得所急需的视角。那天晚上，他没有像平常那样跟家人在豪华餐厅一边吃饭一边抱怨好日子一去不复返，也没有怨恨周围那些获得奖金的人。相反，他带着妻子和孩子去了一个为穷人服务的施粥处。当他们看到一个 8 岁大的孩子在施粥处庆祝自己的生日时，这位经理受到了非常大的触动。在他给我描述这件事情的时候，我可以听出来他又恢复了自豪和骄傲。

当这位经理回到家时，客观事实并没有发生任何改变，他依然没有得到奖金，经济依然低迷，但新的观察点改变了他的现实。现在他能够更积极地看待自己的境况了，比如，他很喜欢和同事们共事，很享受孩子们崇拜他的感觉。如果你能把目光投向更积极的细节，那么你不仅会拥有更多的积极特质，还会拥有最棒的缓冲器，从而帮助你抵御任何打击。

肖恩
独家观点

交叉训练大脑。带着你的团队或家人参观当地美术馆。在当今这个信息时代，所有的绘画作品都可以在网上找到，因此你也可以在网上查看自己最喜欢的美术馆。即使是你以前看过几十次的作品，也要从不同的观察点和视角来看这些绘画作品，试着找到新的细节。

如果你很难看到之前忽视的细节，那么改变固有的模式也会有所帮助。上班时选择不同的驾驶路线，或者有意识地和一个平常没有交往的人聊一聊，或许还可以尝试去一个新地方吃午餐，或者不是与客户会面，而是与一个不打算购买你们产品的人见见面。研究者理查德·怀斯曼（Richard Wiseman）在他的《幸运背后的心理学奥秘》（*The Luck Factor*）一书中写到，如果你是一个采摘苹果的人，每天都去同一棵树上摘苹果，那么最后苹果就会被摘光。你越多地打破原有的模式，便越容易发现新的观察点。

无论你处于什么领域或从事什么职业，更好地发现细节并将细节编织在一起的能力都具有极大的价值。因此，不要等待了，带着你的团队或家人去一趟当地的美术馆吧！让讲解员给你指出绘画作品或雕塑中的新细节，然后你要练习从其他角度和观察点来观赏这些艺术作品。显然这不仅仅是在参观美术馆，而是在有意识地培养技能，这些技能将显著提高团队的绩效，并提高你大脑构建多维现实的能力。多看到 10% 的细节对你的工作绩效会产生什么影响？我想为之在美术馆里付出一个下午的时间应该是值得的。

在睡眠中获得视角

2011 年，我曾在拉丁美洲的 7 个国家中分享我的研究，在为期一个月的旅行演讲结束后，我回到了白雪覆盖的波士顿，发现这里比拉美地区冷很多，我指的并不只是气温。研究发现，拉美地区的员工之所以更乐观、具有更强的复原力，是因为他们有着非常棒的社会支持网络，包括同事、家人和朋友等。我乘坐的飞机在波士顿着陆了，但我的亲朋好友都回了得克萨斯州。我得不到家人朋友的支持，因此变得不再那么快乐，工作效率和积极性也降低了。当令人煎熬的学期一结束，我就把我的研究中心搬到了得克萨斯州的圣安东尼奥。

从圣安东尼奥的机场开车去我妹妹家的那一路简直糟透了！我被眼前荒凉的景象惊呆了：树木稀稀落落，散乱地生长着；土壤只有两三厘米厚，到处都是光秃秃的岩石。在此之前，我在坎布里奇度过了 5 个月，那里绿树成荫，这愈发让我认为圣安东尼奥贫瘠且丑陋。建筑物矮矮胖胖的，彼此间隔很远。我疑惑自己为什么决定要从那个郁郁葱葱的文明之地搬到这个不毛之地。

我看到的是荒凉杂乱的景象，老实说，这很令人沮丧，这种视角与积极、促进成长完全不沾边儿。这不是我童年记忆中的得克萨斯。难道我的大脑跟我开了个玩笑，或者这里发生了什么事情？

然而，在得到了充分的休息之后，我开始看到环境中一些不一样的细节。树木似乎显得高了一点儿，我发现到处都有绿化带，甚至比波士顿的还多。我不再把注意力放在一片一片光秃秃的石头上，在这种石质土壤中茁壮成长的生命给我留下了深刻的印象。我开始注意到矢车菊、火焰草和蜂鸟。天空看起来比波士顿的更广阔、更蓝，我发现自己突然置身于光与色彩的天堂。圣安东尼奥没有发生改变，改变的是我的视角。

就在那时我意识到，在飞机抵达圣安东尼奥时，我已经 36 个小时没有睡觉了。我在忙着做一个项目，最要命的是去欧洲出差的时差没有倒过来。经过进一步的研究，我发现疲劳确实会严重损害我们看到积极细节的能力。

在我最喜欢的一项研究中，研究者发现，如果让被试记忆 3 组词汇，分别是积极的词、中性的词和消极的词，然后让被试睡七八个小时，一天后他们仍能记得这 3 组词中的大约 80% 的词汇。如果被试一夜没睡，像我一样熬了 36 个小时，那么他们仍能记住大部分消极和中性的词，但能记住的积极词汇会减少 59%。那是因为大脑会把缺乏睡眠解释为对中枢神经系统的一种威胁，并变得高度警觉，它倾向于扫描环境中的其他威胁，也就是消极的事物。

因此，如果你想看到有助于大脑汇聚起所有智力资源和情感资源的细节，那么首先你要保证每晚 7 ～ 8 个小时的睡眠。其次，做决策、做选择或做演示的时间也很重要。一项引人注目的研究显示，对于发现积极的细节来说，午餐前是最糟糕的时间。在有关假释听证的研究中，哥伦比亚大学商学院的研究者发现，午餐后法官批准假释的概率为 60%，而在午餐前，当他们的肚子饿得咕咕叫的时候，批准假释的概率仅为 20%。案件类型都是一样的，时间是唯一影响法官判断的因素，它决定了法官是注意案件中的积极细节还是消极细节。因为**当我们能量不足时，大脑就会变得疲惫，对威胁就会变得更加警觉，所以它更有可能记住并专注于消极的事物**。在一天中比较虚弱的时刻，我们就会看到更多消极现实，就会觉得自己没有能力改变这种现实。

这一发现不仅会改变公司设定目标、做出决策的方式，还会改变公司安排会议和会面的方式。我每年都能观察到几十场典型的会议，其中大多数会议是这样进行的：吃完早餐后，上午是枯燥乏味的介绍和最高层领导的发言（他们通常没有出色的演讲能力）；接下来是一个报告，报告内容往往是汇报过去发生的情况并更新财务信息；在午餐前最后一个小时里，我们会塞入尽可能多的信息并制定目标；接着我们会去吃午餐，从而恢复大脑中的血糖水平；下午我们会听取来自供应商或演讲者的新观点，不过大约在 3 点之前，我们都不怎么需要动脑子；当我们的血糖再次下降时，会议进入了分组讨论阶段，与会者开始进行头脑风暴；最后，大约在下午四五点的时候，也就是在晚餐或鸡尾酒会之前，我们意识到进度比预定议程落后了（几乎所有的会议都是这样），于是我们全力冲刺，以最快的速度规划出了明年全年的计划和目标。结果就是，最重要的计划和决策都是在大脑中的血糖消耗最严重的时候做出的。

我们应该将会议议程倒过来！如果你在组织一次会议，或者在准备产品演示，或者在召集团队成员进行头脑风暴，那么就一定不要把它们安排在午餐前或晚餐前。如果你不是会议组织者，而是被迫参加一个冗长或时间安排很糟糕的会议，那么就记得带些零食。**吃些健康的食物来恢复大脑血糖水平的做法不仅会让你变得更积极，而且会让你更变得更敏锐、更有效率**。如果你希望看到的现实是单一的、固定不变的且消极的，那么前一晚就不要睡觉，做决策前就不要吃东西。如果你希望看到最有价值的现实，那么就必须采取适当的步骤，确保大脑能够感知到各种可能性。

肖恩
独家观点

为现实补充能量。为了释放大脑的资源以看到外部世界中的积极细节，你应该有规律地吃饭，并按时睡觉。在做出重大决策之前，尤其要吃点儿东西。在团队召开会议期间，做决策或定目标的最佳时机是早餐之后和午餐之后，而马上就要吃午餐的时间或晚餐之前的时间是最糟糕的时间。

当你睡眠不足时，千万不要做出重大决策。有人让克林顿对即将上任的奥巴马总统提点儿建议，他便提到了休息的重要性：“我所犯过的大多数重大错误，无论是个人生活中的错误还是职业生涯中的错误，都是在我非常疲劳、不知道自己在做什么的时候犯的。”如果吃得好、休息得好，你就会更容易看到更多有价值的细节、信息和可能性。

看到多种现实

卡尼萨三角是证明大脑具有非凡的能力，且能够从多个角度看待现实的最好事例。这是意大利心理学家加埃塔诺·卡尼萨（Gaetano Kanizsa）设计的一个著名实验。

你在图 1-2 中看到了什么？根据研究结果来看，你可能会先看到黑色边框的三角形。你看到那个实心的白色三角形了吗？一旦看到了白色三角形，你的大脑就能够在两种视角之间来回转换了。其实你现在再也无法忽视那个白色三角形了。

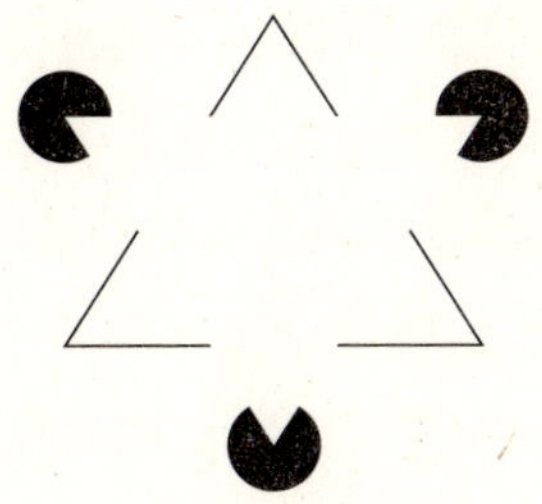

图1-2 卡尼萨三角

在瑞士联合银行的“重新思考压力”的研究中，我们发现两种现实可以同时存在。我们还发现，如果让人们看到两种现实，即压力不仅会削弱人们的力量，也会增强人们的力量，人们便能从压力中受益，而不是受到损害。仅仅能看到多种视角和多种现实还不够，如果我们想提高成功的可能性，还需要培养选择最有价值的现实的能力。

在积极心理学中，"最有价值的现实" 指的是最正确（真实的）、最有帮助（能够带来最佳结果）、最积极（能够带来成长）的现实。在接下来的内容中，我将叙述如何评估你所构建的现实，以及如何选择并追求最有价值的那个现实。

策略 3：找到最值得投入精力的点

一旦你意识到现实不是固定的，并增加了观察点，你便可以开始寻找有助于让你更成功的现实了。但只是知道世界上存在着各种各样的视角是不够的，你必须能够对它们进行评估和选择。研究显示，**仅仅通过改变视角，你就能在职场中获得更大的长期发展，将销售额提高 37%，将工作效率提高 31%，甚至能增加你活到 95 岁的可能性**。"步骤 1" 的最终目标是帮助你找到并追求生活中各个领域里最有价值的现实。

在 20 世纪 50 年代，如果你曾听说过精博电子公司（Kimball Electronics），那么就一定知道他们的钢琴。这家公司曾经非常成功，直到电子琴开始流行起来，于是精博电子公司在电子琴上投入了大量资金，没想到市场需求突然变小了。从某个角度来看，他们陷入了困境，但精博电子公司的领导转换了视角，并且看到了机会。他们没有把自己看成是夕阳行业的领军者，而把自己看成是电子革命的先锋。他们坐下来，决定不去看自己的缺陷，而是看看自己拥有什么资源。通过这种做法，他们意识到自己拥有大量的电路专家，现在这些专家有时间进行创新了。于是他们决定将资源和努力用在不同的方向上。如今他们正在为菲亚特汽车公司生产电子转向系统，为军队测试威胁检测与回避系统，为医院生产确定卫生水平的电子设备。一种现实可能会导向破产，另一种现实却带来了 50 多年的创新和利润。如果他们只看到消极现实，那么又会是怎样一番状况？

2010 年，汇丰银行在机场搞了一场绝妙的广告宣传活动，它展示了人类大脑基于相同的外部世界构建多种现实的强大能力。在机场航站楼廊桥的墙壁上，汇丰银行展示了 3 个完全一样的光头图像，在每幅图上叠印着不同的词语。图1–3 就是其中的一个例子。

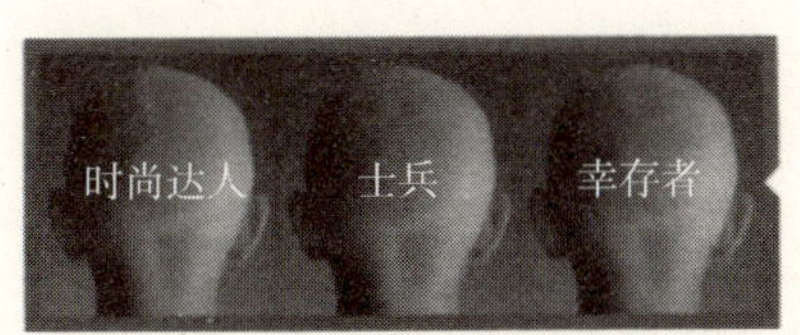

图1–3　汇丰银行展示的光头图像

图像上的文字是否改变了你看待这个人的方式？是否一个词引发了更多的同情，而另一个词则引发了更多的敬畏或羡慕？在这个案例中，那些词汇至少在某种程度上告诉你应该怎么来看图中的人物。在真实世界中，你自己的大脑会主动在所看到的每一个人或每一幅图像上书写文字。大脑在人、项目及工作目标上所写的词句不仅改变了你的视角，也改变了你的积极性、投入程度和创造力。

让我们假设你的老板走进了房间，不太积极的人会看到“压力”、“威胁”或“我无能为力”等词句。学会增加观察点的人可能仍然会看到这些主题词句，但他们还会看到其他词句，如“人类”、“良师益友”、“留下印象的机会”和“晋升的关键”。训练你的大脑给职场中的每种情形都赋予更多的积极意义，这将增加你的大脑的灵活性，从而显著提高你在各种情形下，包括个人生活和职场中发现并追求最有价值的现实的能力。

如果你觉得你的团队、公司或工作场所与任何积极属性都不沾边儿，那么这意味着两种情况，要么你的大脑忽略了什么，要么你需要做出某种重大的改变，它们是仅有的两种选择。不过从我多年的实践来看，即使在最垂死挣扎的公司里，即使和最令人厌烦的领导、最悲观的同事相处，我也从来没有遇到过找不到任何积极细节的情况。

你可以在家里试着做这个实验：专注于一个物体，看看在30秒内你可以围绕它想到多少特征，给它贴上多少标签，以及用多少词语来形容它。不要管语法和其他规则，一定要快。每想到一个积极的描述语，就加3分；每想到一个消极的描述语，就加1分。记住，要想得3分，你提出的特征或属性必须是积极且真实的。以下是两个例子。

- 物体：满得快溢出来的电子邮件收件箱。

描述语："超负荷"（+1）、"压力源"（+1）、"与他人保持联系"（+3）、"商业机会"（+3）、"成瘾"（+1）、"获得赞扬的机会"（+3）、"事业成功的关键"（+3）、"午餐邀请"（+3）、"非常迅捷"（+3）、"工具"（+3）、"没完没了"（+1）、"提升多巴胺水平"（+3）、"记录每一次成功"（+3）、"新点子"（+3）

- 物体：水槽里的脏盘子。

描述语："好多家务"（+1）、"又脏又乱"（+1）、"令人讨厌"（+1）、"没完没了"（+1）、"毫无乐趣"（+1）、"体现自己做事有效率的机会"（+3）、"在配偶心中加分的机会"（+3）、"表达爱的方式"（+3）、"可以心不在焉地做事"（+3）、"可以沉思几分钟"（+3）、"用温暖的水清洗物体时感觉很好"（+3）、"可以让厨房变整洁"（+3）、"感受控制力的好方法"（+3）

你也许会觉得奇怪，为什么想到消极的描述语也会加分。如果我们在试图提升积极特质的水平，那么纳入消极的描述语岂不是会产生相反的作用？这正是我在肯塔基州路易斯维尔市一家大型健康保险公司做这项实验时，一位人事经理提出的问题。这是一个好问题。纳入消极的描述会不会使大脑更容易构建出消极现实呢？研究显示，罗列许多消极特征确实是有害的，但适量加入一些消极特征其实很有助益。事实证明，所有的秘诀都在于比例。

适度的积极与消极情绪比例

从一位积极心理学研究者口中说出这种话或许听起来有点儿奇怪，但了解外部世界的消极面的做法在某种程度上的确是具有积极作用的。认识到消极面能激励我们采取积极的行动，寻找消极面的做法能让大脑变得更灵活、更敏捷。你的大脑越是努力地伸展并寻找着有关世界的多种现实，你的创造力和解决问题的能力，甚至共情能力便会越强。

2012 年，我给 1 000 多名安全检查员讲了积极性与成功率之间的联系。在演讲结束后，一位男士走过来，他沮丧地说："我喜欢你的演讲，但它令人沮丧。我的意思是，你对着演讲的这一屋子听众的职责就是去指出各个公司存在的安全问题。这些安全问题可能会导致人员伤亡，造成几百万美元的损失。"这正是关键所在。在训练大脑看到问题之前，我们是无法解决问题的。因此，虽然在这个练习中，想到积极的描述或事实能够得到更多分数，但消极的描述也是必不可少的。

但是，**人类的大脑天生就倾向于寻找消极的事物**。我们非常善于此道，因为为了在热带草原上生存下来，我们祖先的大脑不得不对威胁做出更快的反应，而不是对快乐或感恩及时做出反应。这就是为什么我们要从重新训练大脑去发现积极的描述语开始。保持这种微妙平衡的关键在于积极与消极的配比。

俗语说："祸不单行。"不要接受这种令人灰心丧气的俗语，尽量用 3 条好消息来平衡一条坏消息。为什么不能用一条积极的信息平衡一条消极的信息？研究已经证明，我们天生倾向于给予消极面更大的权重，因此需要更多的积极面来抵消它们。我们对此都有体会，当别人对你负责的项目做出反馈时，他们可能说了好几句赞美的话，但你的大脑始终会想着那句"有些地方还需要再改进"。很多领导者曾不好意思地对我承认说，如果他们没有公正地对待团队成员，对成员大发脾气，或者给本已经承担着很多任务的员工增派了工作，那么他们相信一句好评或开个玩笑就可以把事情搞定。事实并非如此。积极的领导方式需要评价多于消极评价

我曾在一家金融公司运用过这个发现，我要求参与者在规定的30秒内写出对当前工作状态尽可能多的描述。一位特别消极的财务顾问想努力胜过那些积极的同事，不过他的积极描述与消极描述的比值已是1 ∶ 3，因此他要在30秒内想出9条积极描述才能“获胜”，而具有积极特质的同事只需要想出3条积极描述就可以了。这就像托托麦片（Total cereal）公司的广告一样：“一碗托托麦片所含的铁质等于16碗普通麦片。”当你在构建另一种现实时，寥寥几条积极描述远远比一大堆消极描述更有价值。

类似的原则甚至可以被应用到恋爱中。在浪漫关系中，积极性尤为重要，对此你应该不会感到吃惊。基于几十年的研究，心理学家兼人际关系大师约翰·戈特曼（John Gottman）发现，为了保持婚姻的美满，积极感受与消极感受的比值至少要达到5 ∶ 1。[①] 比值低于5 ∶ 1的夫妻，离婚率会显著提高。因此，每当丈夫对妻子说了伤害感情的话，给她买束鲜花的做法并不能完全将功补过。如果丈夫真心想弥补自己的过错，他不应该只买1次花，而应该买5次（对不起，伙计们）！另外，戈特曼对700多对新婚夫妇的研究显示，用这一比值来预测10年后这些夫妇会仍然在一起还是劳燕分飞，准确率高达94%。

肖恩
独家观点

做一些亲社会的事情。多做些利他行为，比如，到施粥处帮忙，在机

① 作为当之无愧的婚姻教皇，戈特曼为幸福婚姻提出了许多极具实践价值的建议，具体可参见由湛庐策划、浙江人民出版社出版的其著作《幸福的婚姻》《爱的博弈》《爱的沟通》等。——编者注

> 场让别人搭便车，帮别人搬家或给别人手写一封感谢信。所有这些行为都能打破我们的消极模式，从而有助于我们看到另一种积极的现实。在这种现实中，我们的行为将发挥影响力。关键在于不要再琢磨自己到底快不快乐了，而应该去关注自己是否在帮助他人。利他行为是抗击抑郁的最好武器。

无论在工作中还是在家庭生活中，如果每个人都只有一种版本的现实，那么每个人都会受到损害。只有当你看到许多现实，包括积极的和消极的现实，并保持着恰当的比例时，你才能够选择并追求最有益的现实。换句话说，你能看到的有关这个世界的解释越多，你便越能够构建出成功的三棱镜，从而获得最大的成功。

克服盲点

盲点是眼球后方的一个点，由于缺少受体，因此它吸收不到进入眼睛的光线。我们都存在盲点，不过我们意识不到视野中的空白，因为大脑创造出的信息弥补了那处空白。但是，我们对世界的看法确实存在盲点。

与之类似，在商业世界中我们也都存在盲点，它们不仅扭曲了我们的视角，而且损害了我们看到并选择最有价值的现实的能力。

在《商业周刊》上的一篇非常吸引人的文章中，洛蕾塔·玛兰多（Loretta Malandro）博士指出了几种最常见的盲点，它们妨碍了我们的职业发展。她认为，在高管中普遍存在的盲点是“无法信赖他人”。当大多数高管面临巨大的挑战或压力源时，他们会试着独自来应对。在《发现你的积极优势》一书中我曾写过，能让人获得更大成功、更多快乐的 7 条法则之一是“社会资本”。在遭遇挑战时，存在玛兰多所说的盲点的人会断开自己与社会支持网络的联系，但具有积极特质的人在这种情况下会更依赖他们的社会支持系统，因此，他们会比其他人获得更大的回报。

企业领导者存在的另一个常见盲点是“对自己的影响的意识”，也就是看不到自己的决策会对团队产生什么影响。存在这个盲点的领导者以为所有人看待他们的决策和选择的方式都跟自己一样，或者忽视了反馈的重要性。因此，他们看待问题或挑战的视角很受局限。玛兰多指出的最后一个常见盲点是“闷在心里”，也就是隐藏自己的情感，不让团队、员工和同事了解自己的情感。不敢显露情感的领导者看不到这样做对信任程度、投入程度以及有效的决策会产生怎样的影响。

我曾与青年总裁组织（Young Presidents’ Organization, YPO）位于世界各地的 30 个分会有过多年的合作。这是一个全球性的团体，其宗旨在于创造可以让 CEO 们敞开心扉的安全空间。青年总裁组织每月举行一次论坛，CEO 们可以在论坛上分享工作中的高潮与低谷，成为彼此可以信赖的伙伴，并指出彼此思维中的盲点。我希望每个人都能参加这种高水平的论坛。通过这样的团体，我们可以清楚地看到：无论从士气的角度，还是从利润的角度，领导者越是学会敞开心扉，公司中的每个人便越会因此而受益。

在训练大脑发现盲点的练习中，我最喜欢的一个练习是九点测试（Nine Dots Test）（图 1–4）。在笔不抬起来（如果你是在电子设备上看这本书，那么手指不要抬起来）的前提下，通过画 4 条直线来穿过这 9 个点，并且每个点只穿过一次。

图1–4　九点测试

你画出来了吗？如果没有，那么是因为当你一看到这些点，大脑中便立即出现了“正方形”这个概念，它设定了现实中并不存在的边界。正方形以外的区域便成了盲点。你画的线可以超出这 9 个点吗？当然可以。伊利诺伊大学的特瑞纳·克肖（Trina Kershaw）和斯特兰·奥尔松（Stellan Ohlsson）解释说，很多人之所以解不出这道题，是因为大脑为现实创造出了规则，而我们认为自己不能打破这个规则。积极特质使我们的大脑认识到可以采取多种方式来看那个正方形。图 1–5 是这道题的答案。

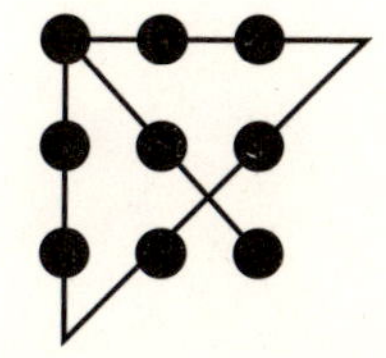

图1–5　九点测试的答案

心理原理

如果大脑能够使用完整的成功三棱镜，那么我们便能够看到那个三角形。只靠智商是解不出这道题的，因为我们的几何与图形知识会受到我们无意识中为自己设定的情感规则和社会规则的制约，比如“不要越线”“不要画到正方形外面去”。一旦你运用社交商和情商有效地调整了你的社会设定和情感设定，那么智商便能够找到答案了。具有积极特质的人更擅长在正方形以外进行思考，因为他们能够在已有的知识结构中找到更丰富的联系，因此他们更灵活、更有创造力，在人生旅途中他们的盲点也会更少。

有时，提出适当的问题也有助于我们克服盲点。在哈佛大学做辅导员和助教期间，我接待过很多感到压力重重和抑郁的学生。我不会问他们“你现在感到抑郁吗”或“你现在感到快乐还是不快乐”，而是会问他们“你喜欢自己在哈佛大学建立起来的社交关系吗”或者“你在如何帮助他人”，以此让他们将注意力放在积极的事情上，比如他们新交的朋友或正在参加的公益组织。这些问题可以帮助他们看到自己的消极想法所构成的牢笼以外的世界。

肖恩
独家观点

增加观察点。做一做前面介绍的增加观察点练习，看看你能找出某人或你当前的工作状态中的多少个特征，包括积极的特征和消极的特征。找出来的越多越好。看到多种多样的细节不仅有助于你选择最有价值的现实，而且有助于你保持大脑的灵活性，这样一来，你就不会感到被外部世界所局限。

你的职场盲点在哪里？更重要的是，你用什么填补了这些盲点？悲观主义者会用消极事物来填补盲点，并认为消极事物本来就是存在的；非理性的乐观主义者会用阳光和玫瑰来填补盲点，但这两种做法都会带来不利的后果。具有积极特质的人会用真实的、能带来积极成长的信息来填补盲点。

接纳多元文化

一次，在我给北京和上海的新企业做完演讲后，他们送给我一份礼物。那是一个很平的铜盘和一个小勺子，铜盘上还刻着中国字。虽然我根本不知道这是干什么用的，不过我还是接过了礼物并表达了感谢。起初，我猜想小勺子是为了提醒人们用心品味食物，或者是对肥胖问题的一种警示。不过，当我把小勺子放在平盘上时，它居然开始旋转。啊哈，它是一个指北针，勺子就是指针，盘上的文字代表东南西北（图 1–6）！但是，当勺子停下来的时候，我发现我的礼物坏掉了，因为它没有指向北京的北面，而是指着错误的方向。中国一家大型制造企业的老总意识到了我的文化困惑。他俯身过来小声说道：“这里的指北针指的是南方。”

图1-6 指北针

在这个指北针上，那个勺子相当于北斗七星，它是大熊星座的一部分。在北斗七星中，勺体靠外的两颗星星之间的连线指向北方的北极星，指北针勺体的外边缘也是如此，所以，位于指北针南北轴另一端的勺把当然会指着南方。我突然想起了自己在核潜艇上的经历，这和我的大脑运用“地面在下面”的启发法如出一辙。我又一次走了思维捷径，因而认定“指北针都是指向北方的”。这可以很好地提醒我们，从其他文化的观察点来看世界的做法能让我们接触到各种各样的观点、可能性和成功道路，而这些都是我们可能会错失的。

肖恩
独家观点

寻求多元化的声音。当你在为工作中的一个重大项目或家庭中的一个重要决策寻找最有价值的现实时，一定要让至少 3 个具有不同观察点的人参与进来。不同的观察点是指诸如人格、性别、职位或文化等不同的特点。

我所说的文化不仅仅是指种族、宗教或民族。即使在单一的团体中，也存在着由不同信仰、习俗、方言和人格等构成的多种多样的组合。不仅国家、城镇是这样，公司也是如此。虽然公司管理者口头上都说要努力构建多元文化的公司，但当他们跟我谈起自己正为之苦恼的问题时，常常提到的就是“文化差异”。他们把文化差异看成是绊脚石，而非优势。这是我们需要改变的情况，因为研究结果很清楚：你所接触到的观点和看法越多样化，你的视角就会越宽广。

我们应该承认，当试图在全公司执行统一的政策、程序或规章制度时，文化差异会是领导者所面临的一个重大挑战。当技术部门、法律部门和财务部门各有各的文化时，我们怎样才能实施最简化的流程？答案是：我们做不到，也不应该这样做。与之相反，我们应该欢迎公司中的文化差异，利用它们拓宽我们的视角，并拓宽团队和部门的视角。新合并的公司常常会找我帮他们应对公司文化的冲突，我一般会先告诉他们，就像两根木棍互相摩擦能生火一样，两种文化最初的摩擦也会产生火花，从而使积极特质燃烧起来。在工作与生活中，如果每个人都演奏相同的音符，那么就一定不会产生和声。

一支国际化的团队有助于我们发现解决问题的新方法。理查德·尼斯比特（Richard Nisbett）是一位卓越的研究者，他专门研究文化对认知与感知的影响。他在《思维的版图》（*The Geography of Thought*）一书中描述了一个实验。在实验中，他分别给美国人、欧洲人和亚洲人展示了一组图片，并用机器追踪了他们的眼球活动。这个实验可能听起来有些怪异。为什么眼球的活动会不同呢？无论文化背景如何，我们在图片中看到的东西都应该是相同的啊！但是尼斯比特证明，情况并非如此。一般来说，亚洲人会更多地将注意力和目光集中在图片的背景和环境上，而西方人会更多地将注意力和目光集中在前景中的物体或人物上。

这看起来似乎无关紧要，但它其实凸显出了非常基本的文化差异。亚洲人对图片的背景和环境感兴趣，而美国人和欧洲人更关心位于图片最前面、最中心的东西。这种差异也存在于不同文化看待真实世界的方式中。另外，这些差异不存在遗传或生物学上的原因。尼斯比特经过进一步的研究发现，那些在亚洲出生并在西方长大的人会像西方人那样看世界，他们会将注意力集中在图片的中心，而非背景。那意味着与文化有关的视角并非固定不变，它是可以习得的。通过体验不同的人格和文化，我们能主动扩展我们的文化观察点。

多元化不仅仅与文化有关，它与年龄、背景、个人经历等有关。青年总裁组织上海分会的一位 CEO 对我说，在返回美国公司后他特别想增加视角，于是找出了 3 种类型的人一起解决问题：（1）具有不同人格的人；（2）在公司中职位比较低的人；（3）公司以外的人。通过另一种文化（无论是国际文化还是公司文化）的眼睛来看世界的做法有助于我们获得更广阔的视角，从而看到外部世界中更多的细节。**让身边围绕着来自不同国家、不同种族，具有不同兴趣和职业背景的人，这能够使我们变得更灵活、更有创意、更有适应性，并为成功做好准备。**

多元化还有一个额外的好处，那就是它能够提高员工的投入程度，因为他们会觉得自己的观点得到了重视。通过在金融行业，尤其是在当今充满了不确定性、不断进行调整和重组的商业环境中的实践，我发现对领导者来说，这种采纳不同视角的做法非常重要。事实证明，这种做法具有生物学上的原因。感知到其他人的视角的做法其实能够避免员工出现不积极、不投入的情况。

正如新南威尔士大学的莎伦·派克（Sharon Parker）和谢菲尔德大学的卡洛琳·阿克斯特尔（Carolyn Axtell）所发现的那样，如果经理需要给工作负担已经很重的员工增加一项紧急任务，那么仅仅表示一下理解就会让员工感到经理认同自己的视角。说一句诸如“我能想象你现在已经忙得不可开交了。如果是我，我就会觉得根本招架不住”这样的话，便会让员工的大脑中负责情绪的一部分脑区，即杏仁核和边缘系统平静下来，同时启动前额叶皮层，从而让员工以更积极的心态、更充足的干劲儿全力投入新任务。我们观察世界的角度越多，选择最佳成功路线的能力便会越强。有时，最有价值的现实来自将他人的现实整合到我们自己的现实中的做法。

拥有积极特质的第一步是学会通过真实而积极的眼睛来看待外部世界中的客观事实，从而带来积极的成长。在职业生涯中，增加观察点能够扩展我们的视角，进而有利于我们发现最有价值的现实。而最有价值的现实使我们能构建成功的三棱镜，从而全面运用我们的认知、情感和社会资源，并发挥出它们的最大潜能。通过放大多种智力的力量，最有价值的现实会帮助我们提升积极性和主动性，让我们看到更多其他人没有看到的机会和可能性，让我们想出更具创意的解决方法，减轻我们的压力并帮助我们绘制出通往成功的道路。在“步骤 2”中，我们将对如何创建心理地图进行探讨，从而帮助你实现最有意义、最雄心勃勃的目标。

积极策略汇总

BEFORE HAPPINESS

- 让压力为你服务。不要抵抗或逃避压力，想一想压力事件背后的意义。如果压力中没有蕴藏着对你很重要的事情，那么你便不会感到有压力。
- 交叉训练大脑。从不同的观察点和视角来看美术馆中的绘画作品，试着找到新的细节。
- 做一些亲社会的事情。多做些利他行为，所有这些行为都能打破我们的消极模式，从而有助于我们看到另一种积极现实。
- 为现实补充能量。为了释放大脑的资源以看到外部世界中的积极细节，你应该有规律地吃饭，并按时睡觉。如果吃得好、休息得好，你就会更容易看到更多有价值的细节、信息和可能性。

- 增加观察点。看到多种多样的细节不仅有助于你选择最有价值的现实，而且有助于你保持大脑的灵活性，这样一来，你就不会感到被外部世界所局限。

- 寻求多元化的声音。当你在为工作中的一个重大项目或家庭中的一个重要决策寻找最有价值的现实时，一定要让至少 3 个具有不同观察点的人参与进来。

- 提醒自己改变所具有的力量。在便笺纸上写下你人生中 3 个最重大的改变时刻，这些改变成就了今天的你。然后把它贴在办公桌上或其他你看得到的地方，以便提醒自己：在你生活的现实中，你的行为会带来改变，并且你能获得长期的积极成长。

步骤 2：

绘制心理地图
为自己规划职业成功路线

BEFORE HAPPINESS

BEFORE HAPPINESS

作为海军后备军官训练的一部分，我们最早需要选修的课程之一是“武器系统与导航”。当时我觉得很奇怪，为什么让大一新生学习复杂的导航系统呢？现在我明白了：导航系统与绘制地图的能力相关。如果你心中没有一幅描绘得很好的现实地图，那么想成功地完成使命几乎就是不可能的。

无论你是否意识得到，你的大脑当下正在使用这份地图。有的心理地图效力强大，但这种地图通常是隐形的。每当你面临决策和挑战，或者要制定或大或小的目标时，心理地图便在指引着你的行为。正是心理地图帮助你找到了最有益的机会，获取了最有价值的资源，并规划出了实现职业目标的最佳路线。不过，并非所有的心理地图都一样有效，如果你所使用的心理地图缺少“意义里程碑”，那么它便是不完备、不准确的，会让你误入歧途。意义里程碑就是生活中对你很重要的事情，比如，职业晋升、开办新企业、孩子进入理想的学校、身体变得更健康等。无论你为自己设定了怎样的目标或挑战，如果你想充分利用各种智力去实现它，那么你就应该在心理地图上设定具有个人意义的里程碑。因此，如果你最近发现自己的工作比较没有意义，或者存在难以逾越的障碍，或者目标显得遥不可及，那么你可能就需要重新绘制心理地图了。

我们其实都可以借助一些手段在生活中找到更多的意义。我对快乐的定义是“发挥潜能过程中所感到的喜悦”。如果你的现实中缺少意义，那么这不仅会剥夺你的快乐，而且会使你无法运用多种智力以获得更大的成功。不过正如我们已经看到的那样，单纯的高智商或高情商都不能帮助我们找到成功路上的意义。

我在哈佛大学做了 8 年的辅导员和助教，主要负责为学生们提供咨询。我发现，47.4% 的学生认为自己在过去一年里感到过抑郁。2003 年，哈佛大学健康服务中心对 2 250 名哈佛学生（抽样人数占全部本科生人数的 1/3）进行了调查，他们发现 10% 的学生想过自杀，这太可怕、太令人痛心了！这些学生的前途不可限量，但因为他们在竞争和压力中看不到或想不起来背后的意义，便感到了绝望，并认为自己前途渺茫。如果没有意义里程碑，生活看起来便是毫无价值的。

并非只有哈佛学生存在这样的问题。仅有 29% 的美国员工相信自己在职场中发展得很好，而从全球角度来看，这一比例更低。如果消极信息不断干扰着我们，如果我们无法从取得的积极成果中感受到快乐，如果我们本应用来反思意义的时间都被用来处理电子邮件、短信或其他琐事，如果我们无瑕与自己关心的人一起相处，我们怎么可能有望获得成功或创造出持久的幸福呢？研究发现，**在工作中找不到意义或无法积极投入的人，在工作之外对生活感到满意并拥有幸福感的可能性会降低 1/3**。这是一个恶性循环！不过，通过运用“步骤 2”技能，你可以打破这种循环。

获得积极特质的第二个步骤是运用积极的意义里程碑绘制出通往成功的心理地图。研究显示，当你以意义里程碑为基础绘制成功路线图时，不仅压力水平会显著降低，工作效率会提高 31%，准确性及目标的完成率也会有大幅提高。另外，你的工作干劲儿和投入程度会迅速上升，销售率会明显改善，你还能在职场中运用完整的成功三棱镜。积极应用研究所（Institute for Applied Positive Research）与传立技术（Mindshare Technologies）合作开展了一项由我主导的研究，该研究显示，如果你成功地调整了自己的地图，那么你获得晋升的可能性就会增加 40%，并且你对工作和生活的满意度会提高两倍。当找到意义时，我们的大脑就会释放出储存资源的空间，从而帮助我们获得更大的成功。相反，没有意义的心理地图会导致冷漠、抑郁和精疲力竭，最终导致失败。那是因为没有意义的成功是空洞的，不值得为之付出努力。

我在研究中发现，在绘制引导日常决策和行为的心理地图时，我们会无意识地犯一些常见的错误。有时我们没有足够强调意义里程碑，因此看到的成功道路非常有限；有时我们强调了错误的意义里程碑，因此选择了一条充满消极事物而不是我们真正在意的事物的道路；有时我们绘制不出成功的道路或者选择了最拥挤的道路，因此资源和机会都比较稀缺。

另外，在开始寻找成功道路之前，我们经常会先规划好逃跑路线。因为压力和恐惧，我们会迫不及待地绘制逃跑路线，结果，最怕出现的消极结果成了自我实现的预言。有关这个主题的研究结果非常明确：当我们预计会出现最坏的结果时，便会忽视重要的机会，浪费有价值的资源，忽略可能有效的解决方法，因此最终导致了我们最害怕发生的消极结果。在“步骤 2”中，你将学会如何避免或逆转这些常见的陷阱，从而绘制出更好、更有效的心理地图。

基于在哈佛大学及后来在企业中进行的研究，我总结出了 3 条能帮助你绘制出更好的心理地图的策略。

- 策略 1：确立职业的意义里程碑。
- 策略 2：绘制更灵活的心理地图。
- 策略 3：先绘制成功路线，再绘制逃跑路线。

正如你将在“步骤 2”读到的那样，围绕意义来定位你的心理地图是培养积极特质的关键，因为这样做会促使你将全面的智力用于解决最困扰你的问题、支撑你最重视的价值、实现你最在意的目标。我并不是说只要掌握了这些绘制心理地图的规则便可以解答有关人生意义的问题，但我可以保证，它们有助于你创造更有意义、更幸福、更成功的生活。

策略 1：确立职业的意义里程碑

最好的心理地图能引导我们去完成最有意义的目标。不过，除非我们已经明确了生活中对我们最重要的事情是什么，否则我们便无法绘制出这些路线。在这部分内容里，我将探讨如何创建多元化的意义组合，如何识别出各种有害的意义，以及如何确立真正的意义里程碑，从而避免误入歧途。

我先来说说小时候最让我骄傲的一件事，它也是让我父母被警察找麻烦的一件事。在讲述这件事之前，我要先说明一下，我父母是人们所能想象到的最有爱心、最冷静、最耐心的父母。我之所以这样说，是因为我要讲的这个故事可能会让你产生相反的想法。

我父母很少争吵，不过当我们还住在得克萨斯州韦科市时，一个仲夏的夜晚，他们在周末计划上出现了一点儿小小的分歧。7 岁的我认为这是无法容忍的，于是我平静地坐下来，写了以下这封勒索信："爸爸妈妈，你们总是争吵，我要离家出走了，爱你们的肖恩。另外，我会带走艾米（我的妹妹，当时 5 岁）。"但几分钟后，在我有机会完成我的大潜逃之前，我发现爸爸妈妈已经停止了争吵（或者一开始就不是争吵）。于是我把纸条撕碎并扔进了垃圾筒里，重新写了一封更欢快一些的信："亲爱的爸爸妈妈，我要开始'肖恩教育之旅'（去爸爸的神经科学实验室参观或逛动物园）了。不要给警察打电话，否则我就不回来了。我会监视着你们。爱你们的肖恩。另外，我会带走艾米。"我非常有技巧地把信放在我父母早晨一起来就肯定会看到的地方，然后就上床睡觉了。

凌晨 4 点半，我的闹钟响了起来。我费了好大劲儿才把妹妹叫醒，她很乐意照着我的计划去做，并且悄悄溜进了车库去收拾行装：一把海洋世界的扇子（那是夏天）、一个费雪牌的指北针（指针没磁性，所以它毫无用处）、两根钓鱼竿（很快你就会明白为什么带它）和一本英法字典（以防万一）。

没有人认为一个 7 岁孩子的大脑中会有足够大的空间地图，因此，所有的调皮都是小打小闹。通常来说，这种观念是对的。所以，很多妈妈会允许他们 7 岁大的孩子独自去公共汽车站；大多数 7 岁孩子离家出走时，顶多会去邻居家。不过，孩子的大脑的能耐可比这大多了。那天上午，艾米和我走了 11.6 千米，我们最后来到了韦科湖人烟稀少的地段；爸爸经常带我们来这里钓鱼，而且这里最近连续发生了 3 起尚未告破的杀人案件。

当我和艾米愉快地来到我们喜爱的钓鱼胜地、后来的犯罪现场时，我父母同往常一样醒来，他们在喝咖啡的时候发现了我写的字条，然后给通常会想到的“嫌疑人”，如邻居、祖母等打电话。随着电话一个个打出去，他们变得越来越紧张，并给警察打了电话。警察说除非失踪24个小时，否则他们就不会介入（原来就像电视上演得那样，他们真会这么说）。我不知道我父母在电话里又说了些什么，反正过了一会儿，警察决定破例一次。

警察立即来到我们家进行了彻底的搜查，并发现了我写的第一张字条，也就是被撕碎后扔在垃圾桶里的字条。在厨房的餐桌上，他们细致地把字条一片片拼在一起。通过读字条，警察发现我父母“总是争吵”，而我被迫把艾米也带走了。于是他们开始讯问已经相当心烦意乱的妈妈，现在她被怀疑虐待和诱拐儿童。

而在 11.6 千米以外，我和艾米正心满意足地在钓鱼点拉着空鱼钩，在那里爸爸曾帮我钓到过第一条也是唯一的一条鱼，那是一条七八厘米长的鲈鱼。走到钓鱼点的路比较险峻，即使开车也要花很长时间。5 个小时后，当爸爸在排水桥下的灌木丛里找到我们的时候，气温已经达到了 40℃。我们受到的唯一惩罚是面对默默哭泣的妈妈。这很管用，直到今天，我和艾米再也没有离家出走过。

当时我们并不知道，对 7 岁和 5 岁的孩子来说，完成这段看似不可能的 11.6 千米的旅程依靠的是人类大脑的非凡能力。我之所以能找到并抵达钓鱼点，是因为我在“意义里程碑”的基础上绘制出了我的路线。换句话说，我那 7 岁的大脑之所以能运用它的所有资源将我们引导到目的地，是因为我选择了一个在情感上对我很有意义的目的地，这要感谢早前和爸爸一起去钓鱼的记忆。

《自然》杂志上的一篇具有划时代意义的文章指出，早在婴儿 18 个月大的时候，他们的大脑便开始了绘制意义地图的过程。而且正如以上故事所展示的那样，年幼的大脑绘制路线的能力可不仅限于帮助他们找到自己的玩具。

心理原理

就像史前采集者的大脑能绘制出通往一片浆果丛的心理路线一样，运用大脑最原始的功能之一，我的大脑绘制出了前往钓鱼点的心理路线。每当我们开车在家和钓鱼点之间往返时，我的大脑就会无意识地记录下沿途的所有路标和参照点。因此，当我离家出走，开始“肖恩教育之旅”时，完备的心理地图已经是手到擒来，最终指引我抵达了目的地。

与之类似，在我们的职业生活中，大脑也在不断储存并记录着能引导我们达成目标的信息。这些被称为意义里程碑的心理路标既可以是任何你认为重要或有价值的事物，也可以是任何让你感受到深层情感连接的一部分生活。这些里程碑可以是在工作日结束时心底浮起的小小成就感；也可以是帮助他人快速解决了问题，从而为他们节省了时间和金钱所带来的满足感；还可以是在辛苦的工作结束后和同事一起喝杯啤酒所感受到的情谊。我们从工作中获得的意义或许来自服务社会的能力，或许来自运用技能的机会（通常不是非常引人注目的技能）。也许你最有意义的里程碑与工作根本无关，比如，每晚抽时间给孩子读书对你来说最有意义。里程碑是什么不要紧，关键是它应该承载着你真正的意义。

无论在个人生活还是在职业生涯中，我们为自己设定的每一个目标都是基于意义的，但我们很少会想到这一点。我们天生就倾向于将更多的精力、动力、专注力、情感，以及智力资源导向对我们来说最重要的事情上。因此，对目标越在意，你获得成功的可能性就越大。

再怎么强调意义在我们职业生涯中的重要性都不为过。沃顿商学院的研究者发现，**当我们围绕着具有积极意义的里程碑工作时，我们的积极性、投入程度和工作效率都会提高两倍**。而且他们还发现，与能够在工作中找到意义的人相比，那些觉得工作没有意义的人在工作中会感受到更大的压力，血压也会更高。另一项研究发现，当人们开始觉得工作有意义时，两年后他们感到抑郁和极度焦虑的可能性都会大幅降低，而是否缺乏意义里程碑是预测抑郁症的一个重要因素。

好消息是，为了在职场中找到意义，你不必非要去做拯救小狗或孤儿之类的事。意义其实与你所做的具体工作关系不大，它与你赋予工作的个人意义更相关。耶鲁大学的研究者艾米·瑞斯尼斯基（Amy Wrzesnie-wski）在一项研究中发现，人们把自己的职业看成是“工作”（job）、“事业”（career）或“使命”（calling）的差别不在于头衔或职位，而在于他们在工作中发现的意义。例如，他们发现养老院的看门人也可以像华尔街的银行家一样，把自己的工作看成是事业，前提是看门人认识到自己的工作对他人多么有帮助，做好这份工作他们有多么大的优势，并且他不是非常看重工作的金钱回报。创造意义的是个人，而不是工作本身，我们每个人都有能力为自己的职业生涯注入更多的意义。

1958 年，盖洛普咨询公司搜集的数据显示，80 岁才退休的人平均能活到 95 岁。这使得乔治·盖洛普（George Gallup）不禁要问，是什么让这些人在过了当时 65 岁的平均退休年龄后，又整整工作了 15 年？在对这些人进行了调查后，他吃惊地发现，93% 的人说他们继续工作是因为他们觉得工作很有意义，86% 的人觉得工作很有趣。不过最有意思的是，他们的工作既不令人兴奋，也不吸引人，大多数人通常不会认为他们的工作有趣。这些人既不是卖座大片的导演，也不是飞行员，工作中也不能常常和兔女郎混在一起。他们在办公室、超市或者在生产制造车间中工作。但是，因为他们很喜欢自己所做的事情，所以对他们来说，工作是有意义的、吸引人的，甚至是有趣的。

花一点儿时间想一想，你觉得自己日常工作最吸引人或最有趣的方面是什么？日常生活中是否有些事情你自己觉得很有趣，而其他人觉得它们很稀松平常？每天早晨醒来，最先让你感到激动的事情是什么？想一想目前的工作当初为什么会吸引你？你希望工作带给自己怎样的感受？你希望完成什么事情或达到什么目标？你希望通过阅读这本书获得什么？你最想改进的技能是什么？你最想在哪个领域中出类拔萃？如果你有一根魔法棒，那么你最想借此改变个人生活或职业生活中的哪一方面？这些问题的答案有助于你围绕自己最深层、最真实的意义来绘制心理地图。

学会挖掘事物的隐藏意义

布莱恩·利特尔（Brian Little）是我在哈佛大学遇到的最好的教授。他是一位来自加拿大的非终身教授，脸上总是一副焦躁不安的表情，自称自己很内向。不知他用了什么魔法，尽管有些人的成绩很差，但是他班上的每一个人都梦想自己有朝一日会成为伟大的心理学家。和他一样，我也教授人格心理学。我经常会做一个很简单的实验，该实验能够展示出人们绘制心理地图时的视角。

我会让学生们分别画出哈佛校园和哈佛广场的地图（让有完美主义倾向的学生画这两幅图会有一种捉弄人的乐趣。在经过这类学生的时候，我会开玩笑地说，这项作业的分数取决于画的准确性）。尽管地图画得千奇百怪，但实验的结果始终都一样。不管有意识还是无意识，学生们总会在图的中心画上对自己最重要的那个部分。如果学生喜欢在宿舍周围活动，那么他就会把宿舍画在图的中间。如果学生参加了橄榄球队，那么他就会在图的中央重点描绘球场和橄榄球馆。如果学生在晚上经常去同一家酒吧，那么你就可以猜到他的地图中央会是什么建筑。

不过，更引人入胜的是学生们画某些校园区域的方式，这些区域显然不在他们情感宇宙的中心位置。在超级优等生的画上，怀德纳图书馆（Widener Library）

是最大的地标；而在那些不太用功的学生的画上，这座世界第二大图书馆被画得非常小，甚至不见踪影。学生们从来不去的商店或餐馆要么被画得非常小，要么完全被忽视了。对于很少离开校园的学生来说，离坎布里奇很近的波士顿完全没有出现在画纸上。没有一个学生画哈佛广场周围的民房和公寓；对他们来说，生活就是大学，再没有其他东西。

这就是我们绘制自己心理世界的方式：对我们最重要的事物被放得最大，位于中心；而我们不太在意的事物，即使被囊括进来，也会被描绘得很小，并且被挤在周边。虽然依据对我们有意义的事物来设定目标、绘制路线图的做法确实会令我们受益，但有时就像那些从未踏足过图书馆的哈佛学生一样，我们没有将意义赋予一些本应被赋予意义的事物。因此，你没有画出来的事物可能像你画出来的事物一样重要。你的地图有没有遗漏有助于你走向成功的重要里程碑？

试着做以下这个实验：用一点儿时间画一张办公地点的图（如果你是学生，那么就画学校）。你是否只画出了少量关键的地点，比如你的办公室或自助餐厅？现在试着想一想被你遗漏的地方，你重视什么、不重视什么一下子就显现出来了。例如，你或许画了老板的办公室，但没有画技术部门。在大多数情况下，这幅图能够很好地满足你的需求，但如果你正从事的重要项目需要技术部门的支持，那么会怎样呢？为了获得成功，你需要重新绘制你的心理地图，把技术部门也包含进去。

现在让我们更进一步。花更长一点儿的时间来画出你的整个现实。什么地方是你每天或每周都会去的，比如单位、家、健身房、教堂等？在个人生活和职业生活中，什么事情你会经常去做，比如开会、应酬、参加孩子的橄榄球比赛等？你经常会见哪些人，比如配偶、老板、瑜伽教练或住在附近的朋友？

在你的图上，被放大最多的地点和人物很可能承载着最多的意义。这个练习比只画出工作场所更难一些，你不可避免地会遗漏某些事物，同时过度强调另一些事物。除非我们找到了生活中最有意义的事情，以及被我们遗漏的有意义的事情，否则我们就画不出新的成功路线。如果你依然很难找出生活中那些隐藏的意义里程碑，那么可以试一试我在 2011 年为辉瑞制药公司设计的一个实验。

我让辉瑞制药的员工和经理想一想过去的一年，然后粗略地画出自己的“快乐图”。这是一张包括两条轴的折线图，两条轴分别是快乐和时间。例如，如果你在 1 月份获得了晋升，这让你感到很开心，那么就在图上画一个高点。如果你在 1 月份感到很痛苦，但在 2 月初你支持的球队赢得了“超级碗”，那么你就应该在图上画出一个尖峰。接下来，如果在 4 月份的工作中发生了一系列糟糕的事情，包括没有得到你期望的晋升，那么你就可以在图上画一个大大的下陷。然后在图中标出相应的事件，如图 2–1 所示。

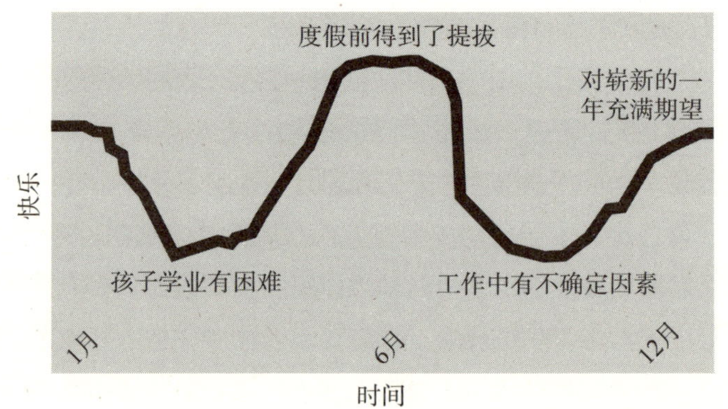

图2–1　快乐图

你画上去的事件或里程碑能揭示出重要的、但依然隐藏着的意义节点。在辉瑞制药的研究中，有些经理的图会围绕着家庭事件而波动，包括好事（如孩子赢得了足球锦标赛）和坏事（如发现青春期的孩子患有饮食障碍）；有些经理更倾向于以国际事件为导向，比如大选的结果或亚洲某处冲突的解决；而对有些经理来说，图上的事件只与工作有关。

无论每个人的图看起来是什么样的，它们都有助于我们理解快乐或不快乐究竟基于生活的哪个方面。通过这种方式，我们能看到那些显然很有意义但由于某些原因，比如太忙或不当的优先级排序而没有被绘制到心理地图上的区域。例如，一个以家庭事件为主的图表会揭示出我们认为自己与孩子的关系非常有意义，但是如果目前我们没有将大量时间和注意力投入这种关系中，那么就说明我们的心理地图遗漏了那些里程碑。花几分钟时间反思一下你的快乐图。你有没有在其中遗漏很有意义的事情？

找到这些隐藏的意义来源之后，我们便能够提升自己对工作的投入程度，从而提升工作效率。想一想，如果能在枯燥无趣的任务中或在工作项目中找到你在意的事情，那么你完成它们的速度就会快很多。

我上神学院的时候，不得不读一些非常深奥难懂、枯燥乏味的课文。这些课文是已经离世的人写的，它们探讨的是一些我毫无兴趣的事情。每次写作业我都要花费很长时间，但我知道自己不得不读它们，最后我学会了一个小花招。我会在书封背面写下 3 件自己我希望从中学到的有趣事情，或者除了得到好成绩之外，读这本书还有什么其他的重要性。有时我不得不上网做一些研究以找到这篇课文之所以重要的原因，或者询问教授为什么我们要读它。这样做的时候，我总会发现这些课文包含的意义比我最初意识到的更重大。我需要做的只是找到里程碑并把它们添加到我的心理地图中。没多久，不仅我的阅读速度变得快多了，而且我还理解并记住了更多的信息。由此，我的论文写得更好了，考试成绩也有所提高。

肖恩
独家观点

绘制出生活的地图。根据你目前的工作场所、所处社区或城市绘制出真实的地图。什么区域或什么人被你画得最大？什么最靠近中心？现在想一想你遗漏了什么。是否有一些重要的地点、人物或资源被你忽视了，比如团队中默默无闻但非常聪明能干的工程师，或者收藏了很多专业工具书的图书馆？如果是这样，那么你很可能在真实生活中也忽视了它们。思考一下如何能更好地利用这些人或资源。

让意义组合多元化

有一次我在摩根士丹利美邦公司做咨询，一位财务顾问对我说，他的快乐图完全围绕着股市中的事件。颇具讽刺意味的是，他建议客户投资多元化的股票，而他的快乐组合却一点儿都不多元化。就像越多元化的股票组合越有可能在股市中获利一样，意义组合越多元化，你在生活和事业上取得长期成功的可能性就越大。要让意义组合多元化，你先要明确当前在你的现实地图中占主导地位的方面。例如，由于那位财务顾问的意义里程碑都集中在了工作方面，因此他开始在社交生活中创建意义里程碑。他计划和上大学时的好哥们儿一起出去玩，还打算邀请一个女士外出约会。他发现当自己期待和朋友们在一起时，他的快乐便不再只基于股票了，他能够更好地利用各种智力，从而在工作上变得更积极、更高效。

现在回到你之前画的现实地图上，试着把它分成代表不同生活领域的部分，比如工作、家庭、健康、金钱等，哪个部分最拥挤？哪个部分看起来空得像鬼城？是否有些部分完全是空的或者根本不在地图上？如果是这样，那么该如何添加它们？记住，你的里程碑越多元化，通往目标的道路就会越多。

我们在心理地图中添加的里程碑越多，我们为自己开辟的成功道路也就越多。不过，如果所有这些新里程碑都集中在地图的同一个角落里，那么在其他区域中我们仍然缺少成功路线。如果你发现你的快乐似乎都来自生活的某个方面，那么这意味着你的世界中有太多的部分没有被你画到地图上。

肖恩
独家观点

让你的意义组合多元化。现在尽可能多地把生活中的意义里程碑写下来，至少写出 10 个，而且要具体详细。不能只写“金钱”或“家庭”，比如你可以写“成为我儿子的积极榜样”、“找时间读更多的书”或“多和家人一起旅行”。一定要在生活的各个领域中寻找意义里程碑，而不要只局限在少数几个领域中。你的意义组合越多元化，通往成长的道路就会越多，在前进过程中迷路的可能性就会越小。

小心“地图劫持者”

有时，我们的心理地图会被“劫持者”破坏，这些劫持者就是消极态度，它们会降低我们整体的快乐水平，使我们脱离成功之路。地图劫持者常常会巧妙地伪装成意义里程碑，扭曲我们的现实，而不是改善它。如果目前你对工作中的人感到不满，很难在工作上取得进步，无法实现工作目标或者达不到工作标准，那么这可能是因为你的心理地图被劫持了。

假如你认为在职场中的晋升对你来说是最重要的意义里程碑，那么现在问一问自己：为什么它是有意义的？它会对你的生活产生什么积极影响？或许它能使你发挥出更多作为领导者的潜能；或许它能提供更多改变世界的机会；或许它伴随着工资大涨，从而减轻家庭中的压力。所有这些回答都表明，职场中的晋升是一个恰当的里程碑。但是如果你发现自己无法回答这个问题，或者更糟，你只能想到它将带来的消极影响，比如为了获得晋升，你必须非常努力地工作，你感到压力很大，以至于在家时你的脾气变得很暴躁，那么你很可能碰到了地图劫持者。如果晋升的急切愿望导致了不道德的行为，比如陷害、欺骗他人或严重伤害他人，那么这个里程碑就一定是地图劫持者。

在健康领域中，我们经常会发现地图劫持者。比如说你打算减肥。现在问一问你自己：为什么你想减肥？你期望减肥产生什么影响？当我在演讲中做这个练习的时候，人们经常会说如果体重减轻了，那么他们就会重新开始喜欢自己。那意味着这个里程碑在促使你改变习惯方面是无效的。它其实劫持了那些努力，因为这个里程碑基于一个消极现实：你目前不喜欢自己。如果你设立了真正的意义里程碑，那么你对那个问题的回答应该诸如你希望长寿，希望为孩子树立一个更健康的榜样，或者希望有精力做其他有意义的活动。地图劫持者不仅会让你偏离前进的方向，还会损耗你的生活意义和快乐。那么，我们如何才能发现这些狡猾的劫持者，并把它们从我们的心理地图上赶走呢？

肖恩
独家观点

找到并阻止劫持者。找出 3 个让你偏离了成功之路的地图劫持者，比如和消极的人混在一起，嫉妒别人拥有的东西，传闲话，每天喝太多酒，经常网购等）。问一问自己，今天你可以做什么来避免这些劫持者？你可以用哪些积极的、有意义的习惯来替代它们？如果你担心这些劫持者会冒出来干扰你，那么你就可以把劫持者的清单给好朋友、同事或配偶一份，从而让他们帮助你坚持正确的行为。

就像环境触发事件劫持了那些试图摆脱犯错，试图变得清醒、有节制的成瘾者一样，某些触发事件也会劫持我们在工作中的努力。例如，我曾在拉斯维加斯的一次会议上与一位来自网上证券交易商 TD Ameritrade 的分析师进行过交谈，他一直在尝试写一本有关金融投资的书。问题是每当股市下跌时，他就会发现自己根本无法集中精力写书。他的行为模式通常是这样的：他会上网去查看道琼斯指数下跌的情况，然后看美国有线电视新闻网的节目以获得更多信息。接下来他不得不在网络上随意浏览或者查看电子邮件，从而避免将注意力过分集中在股市上。结果这些事情占用了他大量的时间，直到他意识到自己一直没有在工作……

这令他十分灰心沮丧，于是他开始吃大量的垃圾食品。

我曾经也有过类似的行为模式：当因为写作不顺利而让我感到受挫时，我就会无意识地开始在网上冲浪，以缓解工作上的挫败感。然后我会在手机上下象棋，直到我下赢了，这会花费很多时间，结果我的挫败感变得更强烈了。这种行为其实与巴尔的摩的瘾君子并没有本质的区别，一个触发事件就会让他们一整天都偏离正轨。

消除这类劫持者的唯一方法是用意义里程碑来替换它们。以那位分析师为例，这可能意味着用其他更有意义的习惯，比如给朋友、家人发电子邮件或看他最喜欢的博客，来代替每天早上查看股市行情的习惯。如果一天的开端很积极，那么在写书上他就会变得更有动力、更有干劲儿，拖延的可能性也会减小。

我在写书方面有一个劫持者，那就是担心恶评。为了战胜它，我把自己从第一本书开始收到的好评都放在电子邮件的一个文件夹里。每天早晨开始写作之前，我都会点入这个文件夹，读一封这样的电子邮件。这能提醒我的大脑我为什么写书，并给予我前进的动力和信心。这种方法非常有效，现在我的办公室里到处都是从我的研究中获得益处的人们的来信。因此，当我环顾办公室时，可以说我在每一个地方都看到了意义。如果你要去完成一个困难的项目，那么我强烈建议你尽可能让自己身处类似的提醒物中。

在办公室之外，环境触发事件也会劫持我们的心理地图，其中一个例子就是在最喜欢的餐馆里吃饭。对我们大多数人来说，在外面就餐是一个意义里程碑，因为我们会将它与精美的食物、亲密的同伴以及社交活动联系在一起。问题是外出吃饭可能也意味着不健康的饮食。避免这种劫持者的一个方法是，请别人来你家参加晚餐派对，或者和朋友一起打篮球，而不是一起吃比萨、喝啤酒。这样一来，你不仅赶走了不健康的劫持者，同时还保留了意义。

你在工作中和家庭中的心理劫持者是什么？如果你不确定它们是什么，那么就花几分钟时间写下 5 个触发事件，它们经常会引起事与愿违的结果或导致破坏性行为。是否有哪位同事会消耗你的动力和工作效率？是否有哪位朋友经常对你产生消极影响？是否有什么地方会让你感到不快或者让你不能专注于目标？只有当你知道自己的劫持者是什么之后，你才能用意义里程碑来替代它们，从而绘制出获得晋升、实现销售目标或达到理想体重的更快、更直接的路线。

心理原理

职场中一个常见的劫持者是消极的老板，他会试图通过威胁来推动工作效率。在《发现你的积极优势》中我描述过大脑的两个部分，它们被我称为“莽夫”和“思考者”。“莽夫”是杏仁核，它是人类大脑中最原始的部分，会对威胁做出反应。“思想者”是前额叶，它能帮助我们做出好决策。恐惧是一个地图劫持者，因为当你让“莽夫”活跃起来时，你就会隔绝“思想者”，把宝贵而有限的大脑资源浪费在避免和逃避恐惧上，而不是用于追求你的目标。因此，不要让老板的消极性影响到你，你应该主动从老板分配给你的工作中寻找意义，这会将“莽夫”隔离起来，使“思想者”可以引导大脑的全部智力，从而去实现目标或完成任务。

“步骤 2”的内容都围绕着构建充满意义的现实地图展开，从而使你能充分利用自己所有的智力来获得持续的积极成长。不过，确定意义里程碑并赶走劫持者只是第一步。现在，让我们来看一看如何放大意义里程碑的作用。

策略 2：绘制更灵活的心理地图

每份心理地图都有一个焦点，它表明了主要的大脑资源将会被分配到哪里。在这一部分，我会讨论如何围绕着你在“策略 1”中确立的意义里程碑来重新定位你的地图，这样你便能够充分利用自己的智力资源、认知资源以及社会资源。

意义里程碑不仅为我们指明了机会与可能性的方向，引导我们进入了积极的状态，促使我们全力以赴，还突出了重要的智力资源、情感资源和社会资源。如果你已经创建了充满意义的地图，但在驾驭智力以实现职业目标方面还存在困难，那么这可能是因为你在围绕着意义点绘制心理地图时出现了一些问题。为了证明定向的重要性，我有时会在演讲中展示以下这幅地图（图 2–2）。

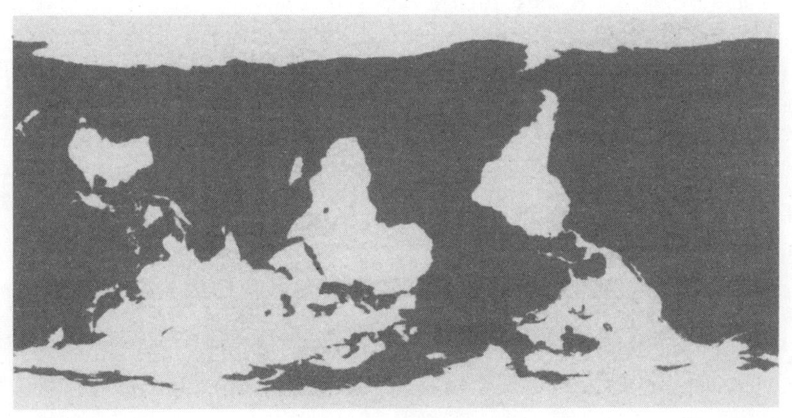

图2–2　世界地图

当我把这幅地图展示给高管们时，他们常常会说："我看出来了，这是一张上下颠倒的世界地图。"这说明他们并没有看出来。这幅地图其实根本没有颠倒。你想啊，地球是圆的！那意味着就像足球或棒球没有上下之分一样，世界地图也没有所谓的上下之分。然而，几百年前欧洲的地图制作者决定，马德里应该在里约热内卢的上面，澳大利亚应该在南半球，从那以后我们便一直从相同的视角来看世界。

就像核潜艇里的地面并不总在下面一样，没有理由欧洲总在北部，而非洲总在南部。虽然我们使用的标准地图是准确的，但它掩盖了其他同样准确的绘制世界地图的方式。

如果你的地图是围绕着沮丧和缺少控制来定向的，那么你所能看到的就只有一片失败的汪洋，而看不到所有的资源和成功之路。如果你围绕着积极的事情来确定地图的方向，那么你就会看到所有的机会和资源相互联系的方式，并能围绕它们绘制出你的路线图。

假如你能够重新定位你的心理地图，从而描绘出一个充满机会、意义和快乐的世界，那么情况会怎样？各地的积极心理学实验室的最新研究告诉我们，这个问题不应该是“假如……会怎样”，而应该是“如何重新定位你的心理地图，从而描绘出一个充满机会、意义和快乐的世界”。

心理原理

问题不是我的地图上下颠倒了，而是我们的大脑很难从另一个方向来看世界地图。正如来自斯坦福大学和范德比尔特大学（Vanderbilt University）的认知心理学家艾米·谢尔登（Amy Sheldon）和蒂莫西·麦克纳马拉（Timothy McNamara）所指出的那样，如果大脑没有依据某个熟悉的参照点确定方向，那么它就无法感知位置。因此，我们的大脑就给宇宙中的物体分配了固定的方向（这些方向其实是灵活可变的），从而影响了心理地图定向的灵活性。我们的心理地图越灵活、越有适应性，我们便能找到越多的成功路径。

你是否看到有人在使用手机上的谷歌地图时，会转动手机以便更好地确定自己应该往左转还是往右转？从本质上说，这个人用来确定方向的参考点与谷歌地图的不同。与之类似，**对心理地图来说，保持定向的灵活性使我们能看到可能错失的不同方法、不同解决方案和资源**。基于我们看到的是积极现实还是消极现实，地图的方向还会发生明显的改变，因此，它对我们在工作中运用积极特质的能力也会产生巨大的影响。

从重新定位到全力投入

下面介绍一个围绕积极事物重新定位你的地图的方法：将你的心理地图折叠起来。为什么这样做会有帮助？因为这样一来你就会看到目标比一开始显得更接近了，由此你可以画出一条更短、更直接的路线。著名的戴马克松地图（Dymaxion map）可以形象地展示这种方法（图 2–3）。

图2–3 戴马克松地图（一）

把这幅地图分割一下，看一看当我们将自己从死板的、主观臆断的长方形框架中解放出来后，出现了多少新的现实。在这个版本的世界地图上（同样是准确的），海洋怎么突然之间变小了，陆地之间怎么突然之间变近了？与之类似，将工作上的心理地图折叠起来也有助于你看到自己的目的地变近了，并且挑战变得不那么巨大了。不过请记住，我们想要创造的是最适合的地图。让我们再来修订一下戴马克松地图，这次找一找连接在一起的水资源（图 2–4）。

我非常喜欢这些地图，因为它们虽然看起来不同，但都是准确的。它们只是

图2-4 戴马克松地图（二）

采用了不同的视角或焦点来描绘相同的信息。对缺乏灵活性的大脑来说，戴马克松地图看起来很怪异，但它确实是一种准确的描绘，它能够让你看到大陆和海洋如何以不同的方式连接在一起。仅仅通过折叠、翻转戴马克松地图，你便能获得对世界同样正确的不同观点。所有的差别都在于方向；改变焦点会产生全新的视角，从而形成更有帮助的现实地图。

为了改变地图的方向，你已经迈出了第一步——确定你的意义里程碑。如果在职场中获得晋升就是你想要达到的目标，而且你已经找到了这个目标对你非常有意义的原因，那么接下来你就需要定位你的地图，从而找到实现最终成果的最佳路线。我建议你先多做一些练习，从而训练大脑自然而然地转向积极的方向。

试着运用我在美国公共电视网《发现你的积极优势》讲堂中列举的积极习惯，比如连续 21 天，每天写下 3 件令你心怀感激的事情，这些事情不能重复；或者每天用 20 分钟的时间记录下这一天中最有意义的经历；或者花两分钟时间给你的一位朋友写一封充满积极情绪的电子邮件。你所写的事情不一定要与你的目标直接相关，因为正如我在美国公共电视网的节目中所说的那样，写下这些意义里程碑其实能够改变大脑内的连接，使它能够更快地感知到积极的方向，同时还能保持大脑的灵活、敏捷和适应性。想要了解更多积极的习惯，可以查看马丁·塞利格曼（Martin Seligman）的《活出最乐观的自己》[①]。

现在，想一想你希望自己在职业生涯中能做成的一些事情，既可以是创办自己的企业、成为公司高管，也可以是领导销售团队。拿出一张纸，写下目前你可以用来实现目标的所有资源。我所说的资源并非只指金钱。我指的是智力资源、情感资源和社会资源，比如你的领导能力，在压力下保持平静的能力或在团队中维持良好人际关系的能力。通过迫使大脑专注在你想要获得晋升的原因上，而不是将有限的资源浪费在担心自己为什么不会得到晋升上，你便能够转向更积极的方向。

心理原理

保持大脑的灵活性不仅有助于你发现到达目的地的新路线，而且能够改变你的焦点或方向。就像世界地图可以被重新定位，使欧洲或太平洋跑到地图的中心一样，你也可以重新定位自己的心理地图，让它以你希望专注于其中的工作中或生活中的某个部分为中心。

你希望在工作中进行更多的人际交往吗？你的目标是增加年收入，还是改进写作技能？你可以重新定位以前一直在使用的地图，从而让任何一个目标都能够成为你的焦点。记住，最有价值的现实是那些既积极又真实的现实。

肖恩独家观点

每天进行“意义定向”。每天早上问问自己：“今天我采取的哪个行动会让我离目标更近一些？”尽管你无论如何都要做那件事，但由于大脑受

① 更多相关研究，欢迎阅读由湛庐策划、浙江教育等出版社出版的“塞利格曼幸福五部曲”。——编者注

到了每天都做有意义事情的训练，所以它会自动从这件事中读取意义并重新定位你的地图。

以他人为中心定位你的地图

鉴于你是自己的心理地图的绘制者，你常常将自己置于中心也是可以理解的。但是，当我们过于关注自己时，大脑就会浪费大量宝贵的精力、注意力、智力和情感资源，你本可以把它们更好地利用在其他地方。一个最常见的例子就是，当我们在工作中出丑时会有怎样的表现。

有一次，我在加利福尼亚州 Adobe 公司的 CEO 疗养地做演讲。3 个小时的演讲已经接近尾声，由于喝了太多咖啡，我开始在台上来回走动，并在无意中踢到了桌子腿。讲桌上的咖啡和水从台上泼洒下去，落到了 CEO 们的桌子上。我感到很窘迫，注意力一下子就变得涣散了，接下来的演讲完全心不在焉。我一度确信当天听演讲的人都会记得我的这个小事故。然而在半年后，当我再次提起当时自己如何打翻了桌上的水，并且水溅到 CEO 们的桌子上时，几乎没人记得我所说的事。我突然意识到，当时房间里根本没有人关注那个小小的事故，我的窘迫根本没有被记录在他们的心理地图上；他们正全神贯注地学习如何将我的研究运用到他们的团队或家庭中。

知名心理学家米哈里·希斯赞特米哈伊（Mihaly Csikszentmihalyi）[①] 在他的书《心流》（*Flow*）中写道："因纽特人、亚马孙盆地的猎人、纳瓦霍人、澳大利亚土著和纽约人，都想当然地认为他们生活在宇宙的中心。"对心理地图来说，情况也是如此。大脑围绕着我们的"蓝色圆点"[②] 构建出了我们的世界。但是，如

① 积极心理学奠基人，"心流"理论的提出者，著有《创造力》，该书已由湛庐策划、浙江人民出版社出版。——编者注

② 在谷歌地图中，蓝色圆点代表使用者所在的位置。——译者注

果我们能主动扩展或改变地图的焦点，把同事、家人和社区也囊括进来，那么我们就会突然释放出更多的大脑资源，从而开启更广阔的可能性。有两种简单的方法可以帮助我们做到这一点。

第一，我们需要改变自己评判他人的方式。学生们在社会心理学导论课上最先学到的一个概念叫基本归因错误（fundamental attribution error, FAE），即我们会基于环境来评判自己的行为，而将他人的行为归因于他们的性格。例如，在开车时，你如果插队到了别人的前面，你就会想："唉，没办法，我要迟到了，又碰上堵车。"但是，如果别人的车挤到你的前面，你会想："真是个冒失鬼！为了节省两秒钟不惜危及别人的生命。"在工作中，这种现象比比皆是。如果某人没有把项目完成好，你就会认为他懒惰或没有能力。然而，如果你犯了类似的错误，你就会解释说自己最近太累了，或者你得到的指导不够充分。

在这两种情况中，你都认为别人的行为源自他的性格，同时又为自己的行为辩解。我们对别人应该像对我们自己一样，不要妄加评判。否则，我们就会将自己置于地图的中心，结果往往会事与愿违。我们可以有意识地重新定位我们的地图，试着基于背景而不是性格来解释他人的行为，这样一来，我们便能够开始慢慢地扩展自己的心理宇宙的边界了。

在职场中，这种焦点的改变会带来巨大的回报，从而使我们成为更好的营销人员、销售人员或经理。戴尔公司最好的销售员之一乔丹·布罗克（Jordan Brock）曾对我说，菜鸟销售员由于总担心客户或顾客会怎么看他们，所以会不停地说，并做出过度的补充，这会让客户很厌烦。而资深销售员看起来更自信、更自持，他们知道客户不会逐字逐句地审查他们说的话；客户们在忙着想他们自己的事情，不会去分析销售员的小毛病。

第二，为他人提供社会支持，而不只是接受支持。在评估社会支持的水平，即社会关系的深度与广度时，科学家们倾向于查看你获得了多少支持，而不是你给予了多少支持。这是错误的。

研究发现，**利他行为是抵御抑郁症最有效的方法之一**。为他人做些事情能让我们感受到更多的希望、快乐和幸福，由此，我们成功的概率也会跟着提高。为了获得这些益处，我们必须把焦点从自己身上转移到其他人身上。在你最消极的时候，比如当你感到抑郁，或者不顺利的一天让你备受挫折、让你感到低人一等时，也正是你的世界缩得最小的时候——你的整个世界里只有你自己。你是那么专注于自己，因此，你很难看到机会和可能性，更不要说看到自己该如何帮助他人了。把他人放到你的地图中心不仅仅是利他主义，也是在扩展你的世界，从而让你看到更多通往目的地的路线。

我们所获得的社会支持能很好地预测我们对工作的满意度和投入程度（它与工作效率直接相关）。因此，你可能会认为，从他人那里获得更多的社会支持是与他人交往更密切，从而获得更高工作效率的最佳途径，对吗？事实证明不是这样的。

当我们决定以不同的方式来提出问题时，心理学研究中出现了一些最了不起的发现。社会支持是我最喜欢的研究主题，但直到 2012 年上半年我才意识到，一直以来我研究它的方式都是错误的。2007 年，我对 1 600 名哈佛学生进行了研究，发现社会支持与幸福之间的相关系数为 0.7（这个相关性听起来似乎不算高，但它其实比抽烟与癌症之间的相关性高多了）。我和同事对社会支持研究得越多，就越发现它对商业和学业上的每一个成果都至关重要。研究甚至显示，社会支持会影响你的健康：像定期锻炼一样，获得更多社会支持的人会更长寿；而较少的社会支持会像高血压一样对身体造成损害。既然我们在香烟的包装上贴出了警告标示，那么我们或许也应该在社会支持较少的公司里张贴警告。

社会支持对幸福和工作效率非常重要，因此，我和我的团队，包括丹佛大学的马克斯·魏斯布（Max Weisbuch）博士，开始想办法测量人们所拥有的社会支持的数量。我们从科学家 20 多年前就提出的那类问题开始探究，问题包括："在实验期间，你是否得到了来自朋友的支持，并进行了有意义的交往？你是否得到了父母的支持并相信自己具有很大潜能？你在工作中是否得到了支持，与同事是否意气相投？你是否从自己与经理的社会交往中获得了益处？"你看到共同的模式了吗？

在过去 20 多年间，人们对社会支持的研究将注意力放在了个体获得了多少支持而不是给予了多少支持上，这是错误的。我们一直都在问错误的问题。事实证明，长期来看，给予支持比获得支持更能带给人良好的感觉，对人更有益，并且能带来更大的回报。

我们不再查问同事对你有多少帮助，而是你对同事有多少帮助。我们问人们，他们在工作中的人际关系上付出了多少努力，比如邀请同事出去喝酒，评论同事在微博上发的帖子或者主动去更多地了解同事。我们没有问他们的父母给予了他们多少支持，而是问他们给予了父母多少爱与支持。我们没有查看是否有朋友愿意随时帮助他们，而是查看了他们是否愿意随时帮助朋友。

我们的发现非同寻常。在对来自各行各业的 300 多名被试进行了调查后，我们发现了在社会支持方面的几种类型，其中包括"职场利他主义者"（在工作中提供了最多的社会支持）和"职场孤立者"（在工作中提供的社会支持最少）。

接下来的事情就变得有趣起来：当查看社会支持与工作投入程度之间的相关性时，我们发现，仅有 5% 的职场孤立者对工作特别投入，而职场利他主义者工作积极投入的可能性是职场孤立者的 10 倍。另外，超过一半的职场利他主义者与同事相处特别融洽，而与同事相处特别融洽的职场孤立者仅有 20%。职场利他主义者对工作感到满意的可能性是职场孤立者的两倍。近 2/3 的职场利他主义者说，他们与主管的关系非常好。最重要的是，给予社会支持会影响员工的成功概率：在过去一年里，仅有 7% 的职场孤立者获得了晋升，而职场利他主义者获得晋升的概率为40%。

结论非常清楚。**如果在工作中你不给予，那么你也不太可能获得成功**。我相信这一发现对我们理解积极特质非常重要。在少花资源多办事的时代中，我们不应该把心智能量浪费在哀叹自己从经理、同事和朋友那里获得的支持少得可怜上，而应该把大脑资源用于给予他人更多的社会支持上。在《发现你的积极优势》一书中我曾写到，在职场中获得成功与快乐的最有效预测因素之一就是社会支持。而现在我们知道，积极特质的最有效预测因素之一是为他人提供社会支持。

你需要做的就是有意识地牢记：我们应该把别人纳入我们的现实中。记住，你在工作和家庭中所体验到的现实是有意义的事实的集合，你的大脑负责把它们汇聚在一起。在给予他人的社会支持中寻找意义是充分利用我们的认知资源和智力的最好方法，这样一来，我们就会变得更积极、更投入、更有效率，从而在职业生活和个人生活中都获得成功。

策略3：先绘制成功路线，再绘制逃跑路线

你的注意力集中在什么上，什么就会成为你的现实。如果你专注于避免失败的路线，那么便会完全错失成功的道路。在“策略3”中，我将解释先绘制成功路线的做法如何能显著提高你获得成功的可能性。

2011年夏天，我走进得克萨斯州圣安东尼奥市一栋毫无特色的建筑里，我们将在此召开美国国税局例行的网络会议，会议的主题是快乐。我被领进一个房间，在那里我会通过一台笔记本电脑进行网络讨论。接下来，两位非常友善的女士让我坐下，她们给我解释了在网络会议前需要了解的重要事情——大厦的安全出口在哪里。我一点儿没开玩笑，而且她们不只告诉我一个安全出口，她们觉

得告知我多条逃生路线是她们的职责。国税局是多么不怀好意地期盼着我的演讲呀！

在发生火灾时，找到逃生路线固然非常重要，不过在职场中，我们常常太专注于绘制心理的逃跑路线，甚至到了大脑没有剩下什么能量来为自己绘制成长路线的地步。例如，我们用来思考如果汇报做砸了该怎么办的能量本可以用来检查幻灯片、改进演讲或进行排练。与之类似，我们担心风险投资被耗尽，于是会花时间想办法为新项目寻找资金，而这些时间本可以用来会见投资者、争取资源或利用现有资金进行再投资。这个原则其实适用于任何行业、任何岗位和任何挑战。

令人吃惊的是，我们会花费那么多的脑力资源在自己很有可能成功的情况下寻找逃生之路。如果我们花费太多的时间和精力来考虑如何逃避生活中的消极结果，而不是为获得积极结果而采取行动，那么我们找到机会的可能性会大大降低也就不足为奇了。鉴于大脑的资源有限，因此我们认为最先绘制的地图更可能会变成现实。

我在《哈佛商业评论》上发表了一篇标题为《快乐红利》（*The Happiness Dividend*）的文章，该文章指出，**大约 75% 的职业成功可以通过 3 件事（除了智力）来预测：相信自己正在做的事很重要的信念，社会支持以及把压力看成挑战而不是威胁的能力**。如果你把压力看成威胁，那么大脑便会不断寻找逃跑的路线，你就会忽略有助于自己成功的迹象，同时抓不住相应的资源。我在多家公司中看到无数人陷入了这样的陷阱。

在 2008 年银行业崩溃后，一位来自世界顶级银行的总经理对我说，他们团队的业绩急剧下跌，因为员工们将大量时间用来思考他们是否应该离开这家公司，或者其他公司会有怎样的发展前景和薪酬组合，而不是专注于他们能为改善现状做些什么。细想一下，这种做法其实通过各种各样的方式给我们的日常生活造成了破坏。你是否经常会花费很长时间去想怎么能不打某个电话或不赴某个午餐约会，而实际上打电话或吃午餐根本用不了这么长时间？

我曾和来自密歇根州霍兰德市的一位首席财务官聊过天，他对我说："除非我把所有可能出问题的事情都想了一遍，否则我是快乐不起来的，因为只有那样我才知道自己已经为所有不测都做好了准备。"但是，只规划逃跑路线并没有让他为所有可能发生的事情做好准备，只是让他为失败做好了准备。当我问他在为成功做准备上花了多少时间时，这位首席财务官看着自己的鞋子沉思道："这个问题问得好，因为 2007 年我们遇到的问题就是客户对我们产品的需求超过了我们的生产能力。"这家公司为所有可能发生的事情都做好了准备，只是没有为他们的产品会获得成功做准备。

悲观主义者认为，想象出最糟糕的情况能帮助他们应对万一发生的问题。但是，我们在想象可能出现的问题上花费的时间越多，大脑为进展顺利的事情做筹划的时间和资源就会越少。当我与美国国家安全专家协会（National Association of Safety Professionals, NASP）合作期间，一次活动结束后，一名协会成员走过来对我说："和朋友一起吃饭时我常常不能尽情地开心，因为我总会不断扫视头顶的横梁，觉得它们看起来粗制滥造，或者担心安全出口是否离我的桌子太远，或者担心厨房是否会发生爆炸。"如果他的大脑总被最坏的情况所占据，他甚至都无法享受和朋友的聚餐，那么还怎么指望他在工作中有所成就呢？

就像采用欧洲始终位于上方的世界地图一样，采用总指向逃生出口的心理地图会限制我们对机会、可能性和资源的感知。更糟糕的是，如果我们绘制出来的都是通往失败的路线，那么我们最终就会不可避免地停留在那些路线上。于是越怕什么便越来什么，失败会成为我们的现实，它会将我们引向悲观和绝望。例如，在由一位消极员工构建出的现实中，人们总是批评他，从来不给予他应得的赏识和称赞。当出现符合这种现实的事实时，他就会觉得自己的预测得到了证实。但其实存在着同样真实的其他现实，只是他没有绘制出它们。具有消极心态的人会不断翻转着他们世界的方向，直到自己的悲观想法得到证实。具有积极特质的人会先寻找成功路线，再寻找逃跑路线，由此避免了那种恶性循环。

有一次，我去谷歌公司做演讲，一位经理描述了他之前所在公司的某个下属。这个人不停地跟每个人说，他如何估计到下次晋升又轮不到他。这位灰心丧气的员工会说："我可能又得不到提拔，事情总是如此。"当经理真的没有提拔他的时候，这位员工会向团队传递更加消极的信息，他抱怨道："看吧，我跟你们说过的，升职从来没有我的份儿。"这位经理直截了当地对我说，虽然这名员工有技术能力，智商也挺高，但他不会得到晋升，因为他没有成功的愿景。这位经理说："那家伙正在影响团队的表现，只是影响的方向是错误的。如果他自己都不相信自己能成功，我怎么能指望他带领团队走向成功？"

职场中的防御性悲观主义会让你总是先设想最糟糕的结果，直到事实证明你是错的，这样一来，任何消极的事件都不会令你吃惊，你甚至都做好了应对计划。这听起来很稳妥，对吗？问题是，你的大脑会基于你对世界的期望来构建世界。如果你不期望得到成就、意义、赞扬和感激，那么你的现实中就注定不会有这些东西。记住，你生活在自己的现实中，所以为什么用消极的期望来构建它呢？

你为自己创建的是哪种地图？它看起来更像是紧急逃生路线图，还是更像一张藏宝图？图上的路线只是引导你避开失败，还是能指引你走向成功？在个人生活或职业生活中，无论你追求什么目标，在投入认知资源来计划如何逃避失败之前，你都应该先寻找达成理想结果的路线。并不是说为可能出现的问题做打算就一定是有害的，但是由于你最先绘制的地图更有可能成为现实，因此，你应该将宝贵的大脑资源先用来寻找各种各样的成功道路。

因此，如果你在考虑参加马拉松比赛，那么不要在一开始就担心可能会受伤，以及如果跑不下来有多难为情。相反，你应该先计划训练日程；想一想随着自己越跑越长，你会感觉多棒；想象一下参加完马拉松比赛后，家人为你举办庆祝宴会时的美好场景。

如果你想创办一家公司，不要一开始就盘算如果没人喜欢你的产品该怎么办，如果资金耗尽了该怎么办，或者如果创业失败了朋友们会怎么看你。与之相反，一开始你应该考察市场，收集数据，给投资者打电话，增加你的资源并让朋友们为你加油打气。

如果你想写小说，不要一开始就先想有多少作家的书卖不出去，写作会进展缓慢，或者能成为畅销书的作品只是凤毛麟角。与之相反，一开始你应该提醒自己，你对自己的想法充满了热情，在这条道路上你可以借助的人脉有很多，并为完成每一章制订时间表。

先绘制成功路线的做法使你能更好地利用全部智力，从而构建出成功三棱镜。

心理原理

积极心理学最大的发现之一是，消极的人看到的机会的范围和可能性的范围确实比较窄。在《积极情绪的力量》[①]一书中，芭芭拉·弗雷德里克森（Barbara Fredrickson）写到，她的研究显示，当大脑比较消极时，它会进入“战斗或逃跑”的反应模式。但是，如果大脑比较积极，它便会运用所有的智力、情感及社会资源进行“扩展和建构”，从而找到看待事物和做事情的新方法。

这一发现后来得到了布兰迪斯大学（Brandeis University）的研究者的证实。

① 该书以详实可靠的研究成果为基础，提出了诸多提升创造力和幸福感的具体办法，已由湛庐策划、中国纺织出版社有限公司出版。——编者注

他们采用眼球追踪仪追踪并记录了被试的眼睛，也就是被试的大脑所关注的事物。他们发现，当人们的心态比较消极时，他们的注意力会主要集中在电脑屏幕中心的事物上。然而当人们的心态比较积极时，他们的视线范围会扩大，从而将整个画面都包含进去，而不只是注意到中心的一两条信息。因此，积极的员工更有可能在职场中看到条条康庄大道，积极的企业家会看到市场中更多有利可图的趋势，积极的学生会看到更多可以申请的奖学金，积极的运动员在球场上会看到更多可以传球的队友……

肖恩
独家观点

使用藏宝图。你应该为下一次大会、大项目或重要的展示绘制心理藏宝图，而不是逃跑路线图。让大脑聚焦于为了取得成功而应该要做的事情，而不是聚焦于如果失败了该怎么办。如果别人开始将注意力集中到问题上或者开始担心，你就应该将谈话引导到积极的方向上来：“在谈论有可能出什么问题之前，让我们先说一说我们会取得怎样的成功吧！”

不断更新你的心理地图

为了始终走在实现职业目标的道路上，你需要定期检查自己的地图。这一点非常重要，因为有缺陷的现实地图，或者有不再可行的路线的地图，都有可能造成惨痛的失败。这不仅适用于商业，也适用于生活。

1998 年 2 月，在意大利多洛米蒂山脉（Dolomites）美丽的滑雪胜地，一架美国空军 EA-6B“徘徊者”（Prowler）电子战飞机的右翼缠住并扯断了空中缆车的缆绳，从而导致 20 人坠下 60 多米深的山谷，最终无一人生还。事后的调查发现，飞行员根本没有打开标示着缆绳的新地图，而是一直在使用旧地图，而且地图上面没有显示那些“杀人绳索”。这种事例并不少见，1980—1999 年，共发生了 59 起军用飞机与地图上未标明的障碍物之间的碰撞。

有一则真实故事来自《纽约时报》：一位名叫埃登·帕斯托拉（Edén Pastora）的尼加拉瓜军队指挥官误将数吨河流沉积物倾倒在哥斯达黎加和尼加拉瓜的边界上，差点儿引起了两国之间的战争。哥斯达黎加的前总统劳拉·钦奇利亚（Laura Chinchilla）误以为自己的国家遭到了入侵（哥斯达黎加甚至还没有一支军队）。其实这一切只是因为帕斯托拉使用的是谷歌地图，地图上两国边界画得有点儿不准确。

在商业中，过时的现实地图也会导致意想不到的消极结果。2008 年的经济危机后，为了节省成本，欧洲一家大型银行决定将 3 个业务单元的人力资源及学习部门进行整合，这 3 个业务单元分别是私募股权部门、银行业务部门和财富管理部门。但是，虽然消除了这些部门之间的办公界限，但心理界限和文化界限依然存在。因此，虽然公司领导在根据无边界的新地图管理业务，但员工使用的依然是过时的旧地图，旧地图告诉他们应该跟谁交谈，以及应该如何对待公司中不同的人。结果这一调整导致了文化碰撞、沟通不畅和人际冲突，公司的运营效率和利润都为之付出了代价。

纽约最受尊敬的图书编辑之一曾给我讲过一个故事，它说明了不断更新现实地图有多么重要。她对我说，她从事这一行是因为她非常喜欢编辑工作，她希望在职业上不断发展，并成为第一流的编辑。她运用这些意义里程碑来引导前进的道路。大学毕业后的实习期间，她毫无怨言地做着各种枯燥乏味、吃力不讨好的工作，她知道这是实现目标的必要步骤。但是，她最终意识到，如果一直沿着大学毕业新生的心理路线前行的话，在职业生涯的某个阶段她就一定会遇到问题。如果她得到晋升，便会拥有更高的职位，但她可能将不再编辑图书；她将需要决定购买哪本书的著作权，以及判断何时是将图书推向市场的恰当时机。于是她回顾了自己的地图并进行了更新。

在职场中，有一种现象十分普遍，那就是很多人一旦描绘了职业地图便从来不再回顾或更新它。在努力获得晋升后，大多数人并没有停下来想一想他们是否真的喜欢他们的新工作或新角色。如果你不能定期回顾自己原有的意义里程碑，从而查看它们是否仍然能引导你抵达职业生涯中的目的地，那么你最终便会偏离轨道。

肖恩
独家观点

更新你的地图，每月抽出一个小时反思你的心理地图。你可以选择周末或任何你不需要忙于家庭琐事或工作的时间，抽时间想一想你目前的抱负是什么，以及你是否仍走在实现抱负的轨道上。这种简短的反思非常重要，它能确保你的地图与时俱进，并且是准确的。很多找我咨询的人在画出地图后，会依然沿着 10 年前绘制的路线前进，根本不去想那是不是他们想要抵达的目的地。

每个月你都应该抽出时间来评估你的短期计划，看它们是否依然能引导你实现职业或生活目标。评估的方法有若干种，其中一种是从另一个视角来看你的地图。我的意思是，你可以让朋友、同事，甚至职业规划师对你的事业发展方向提出客观的看法。

另一种方法是问自己一个简单的问题：我今天的行为能否让我向着某个意义里程碑更进一步？如果不能，你便知道自己不应该走这条路。

还有一种方法是定期反思我在前文中让你画的地图，比如在每个月的第一个星期六抽出一个小时来进行反思：这幅地图是否仍然能反映你的目标和计划？你是否应该增加新的意义里程碑或开辟新的道路？你甚至可以通过记日记或建立一个 Word 文档的方式来追踪你的来年目标，并定期以此来核查你的地图。你可能拥有世界上最棒的地图，但如果不及时更新它，那么你也会偏离正轨很远。

最重要的是记住，如果你绘制出了实现目标和抱负的地图，那么你的大脑便有了可遵循的道路。现在你已经学会了如何绘制地图，接下来你将学习下一个步骤：如何利用成功加速剂，从而让你更快地实现目标。

积极策略汇总

BEFORE HAPPINESS

- 让你的意义组合多元化。你的意义组合越多元化，通往成长的道路就会越多，在前进过程中迷路的可能性就会越小。
- 每天进行“意义定向”。强调自己每天都在做有意义的事，可以训练大脑不断自动地围绕意义来读取并重新定位你的地图。
- 绘制出生活的地图。根据你目前的工作场所、所在社区或城市绘制出真实的地图。思考一下，为什么这么画？你在真实生活中是否忽视了什么？
- 找到并阻止劫持者。找到劫持者后，你可以用哪些积极的、有意义的习惯来替代它们？如果你担心这些劫持者会冒出来干扰你，那么你就可以把劫持者的清单给朋友、同事或配偶一份，从而让他们帮助你完成目标。
- 使用藏宝图。你应该为下一次大型会议、大项目或重要的展示绘制心理藏宝图，而不是逃跑路线图。让大脑聚焦于为了取得成功而应该要做的事情，而不是聚焦于如果失败了该怎么办。
- 更新你的地图。每月抽出一个小时反思你的心理地图。你可以选择周末你不需要忙于家庭事务或工作的时间。抽时间想一想你目前的抱负是什么，以及你是否仍走在实现抱负的轨道上。

步骤 3：

寻找兴奋点
加速迈向成功

BEFORE HAPPINESS

BEFORE HAPPINESS

没有什么比看着马拉松运动员冲过终点线更能见证人类潜能的力量了。成年累月的训练、必胜的决心和严格的自律，在最后一刻冲向成功的顶点，这真是非凡的景象。不过，在马拉松比赛中，运动员最后冲刺时个个都会加速，这是最令我感兴趣的现象。尽管他们一定觉得很累，但他们会迸发出剩余的全部能量，加速冲过终点线。这是如何做到的呢？

在全程 42.195 千米的马拉松比赛中，当运动员跑到 42 千米时，其大脑会在这时发生特殊的变化，这个特殊的点被称为 X 点，也可以理解为"兴奋点"。当跑到这个点时，运动员能隐约看到终点线了。他们的大脑会释放出大量的内啡肽和其他化学物质，给予他们加速跑完最后一程的能量。如果你是运动员，那么你可能体验过某种形式的 X 点。当大脑看到成功不仅是可能的，而且已经近在咫尺时，便会让你产生强烈的身体反应。有时这种反应甚至会强烈到让极少数马拉松运动员无法应对的程度。

令人难以置信的是，在整个 42.195 千米令人精疲力竭的比赛中，X 点是最有可能发生心搏骤停的地点。这就是为什么在美国费城马拉松比赛中，国际马拉松医疗顾问协会（International Marathon Medical Directors Association）的主席刘易斯・马哈拉姆（Lewis Maharam）博士会明智地将医护人员设在 X 点。他知道在这个特殊地点，有些极度疲劳的身体会无法应对体内突然增加的神经化学加速剂。他是对的。仅仅在 2011 年，马哈拉姆就在 X 点成功地实施了 10 起心肺复苏术。当然，X 点的发现不是为了防止罕见的心脏病发作，而是揭示出了大脑最重要的特点之一：在大脑意识到你马上就要实现目标的时候，它会释放出一剂强有力的化学物质，帮助你加速。

X 点的存在说明在提升干劲儿和专注力方面，终点具有强大的影响力。一旦目标近在眼前，我们就会更加努力；一旦大脑相信我们即将完成任务，它便会释放出强有力的加速剂。与之类似，在橄榄球运动中，当运动员越接近得分时，他们的跑锋会跑得越快。奖励就在前方，于是大脑批准释放出更多的能量，而不是储备起来为以后的需求做准备。因此身体的活力和体力倍增，速度变得更快，头脑变得更清醒。如果你想提高自己的成功率，那么你便需要尽早找到自己的 X 点。当然这种现象不只发生在体育运动中，无论你的目标是什么，比如跑完马拉松、完成工作上的一个大项目或减掉 20 斤体重，大脑的行为方式都一样。一旦大脑发现你即将实现目标，它便会释放出相同的化学物质，给予你加速所需的额外推动力。换句话说，如果你觉得自己离成功越近，那么你前进的速度就会越快。

如果我们可以在比赛中的任何时刻，而不一定要在接近终点时就能够获得更多的精力、专注力和驱动力，那么情况会如何？如果我们能够采用相同的策略促使自己向着任何职业目标加速前进，那么情况又会如何？

积极心理学的研究发现，大脑不仅能在田径运动员看到终点线的时候释放出加速剂，它还可以在运动员意识到自己非常可能取得成功的时候释放出加速剂。对于职场中的人来说，那意味着我们不需要在接近终点的时候就可以获得 X 点对认知的益处。通过改变我们对自己距离终点有多远的感知，我们可以让大脑更早地释放出那些化学物质，加速我们的成功。“步骤 3”的目标就是让你有可能实现的积极现实看起来更加有希望。

画出你的职业靶子

作为后备军官训练的一部分，上大学期间，我曾用了一个夏天的时间来学习各种不同的战争的特点。在训练中的一周，我和其他学员被邀请登上海军皇冠上的宝石—— 一艘神盾级驱逐舰。这种军舰最先安装了先进的神盾战斗系统和 SPY-1 相控阵雷达，那意味着从本质上说，这种军舰就是超高技术的浮动的制导系统。这艘 9 200 吨重的庞然大物装载了 90 多颗导弹，它能够使用一系列互联的武器系统来对军舰及邻近国家的潜在威胁进行扫描，并把它们射下来。当然，这艘军舰所采用的技术不是本书探讨的内容，但从很基础的层面来说，当军舰发出的导弹接近目标时，它能够侦查出目标发散出来的能量，并基于这些数据精准地调整自己的轨迹和动力，这被称为“画靶子”。

我为什么说这些？因为在试图实现目标的过程中，你的大脑一直在“画靶子”。一旦大脑绘制出了实现目标的路线，它便会不停地读取信号，了解为了到达目的地它需要做些什么。

到目前为止，你已经知道如何基于意义来设定目标，以及如何绘制实现目标的地图了。但是如果你确实想在工作中拥有积极特质，接下来的问题便会是：如何才能构建出能够帮助你更快实现目标的现实？换句话说，如何才能在生活和事业上不仅取得成功，而且能加速实现它们？你所需要的是成功加速剂。

心理原理

我们的大脑是一台以目标为导向的机器。在工作中，当你设定了销售目标、确定了项目的截止日期或者设定了其他个人成长或职业发展的目标时，你的大脑便会无意识地对目标有多远、实现目标的可能性以及需要付出的努力进行一些评估。就像神盾制导系统会不断重新评估目标的位置一样，在你向着目标前进的过程中，大脑也会不断计算这三个变量。

> 不过，来自世界各地的神经科学实验室的研究发现，这些变量不仅基于客观的测量，它们在很大程度上还取决于我们对事实的感知。除非你能看透未来，否则你不可能知道或控制自己距离目标的远近、实现目标的可能性以及需要付出多少努力。但是你可以控制自己对目标距离的远近和需要付出多少努力的感知。也就是说，无论你的目标是关于销售额、生产效率、事业标杆还是个人决心，你都能够通过改变感知来拥有加速实现目标的力量。

前面我曾提过，与其讨论杯子里的水是半空还是半满，不如看到旁边还有一大罐水，因为对于那一半该如何解释从很多方面看只是一种主观判断。如果跑马拉松时你跑完了一半路程并且觉得不太累，那么你可能就会因此受到激励，跑得更加卖力。如果跑完一半时你开始担心膝盖疼痛会突然发作，那么接下来的半程可能就会令人望而却步，你会感到灰心沮丧并有可能半途而废。在追求职业目标时也是如此，你的成功很大程度上取决于你对当前是怎么看的。

例如，你知道和多少人一起测试会影响你在学术能力评估测试中的表现吗？你知道如果在高尔夫球洞周围设置一些更小的球洞，造成目标球洞看起来变大的视觉错觉后，你打球入洞的可能性会提高吗？你知道在实现目标的过程中，如果强调你已经完成了 70%，那么你前进的速度会更快吗？对目标具有更积极的感知能够显著提高我们的投入程度、专注程度和工作效率，由此使我们能够更快地实现目标。

在“步骤 3”中，你将学到 3 条能帮助你更快实现目标的策略：

- 策略 1：靠近目标以提高干劲儿。
- 策略 2：放大达成目标的可能性。
- 策略 3：把主要精力留给关键目标。

每个人，无论是悲观主义者还是乐观主义者，都会设定目标。不同之处在于，具有积极特质的人会让实现那些目标看起来力所能及。这样与悲观者相比，他们便能够利用其他所有的心理资源和智力更快、更有效地实现目标。利用“步骤 3”介绍的 3 条策略，你也能学会这样做。

策略 1：靠近目标以提高干劲儿

研究显示，**人们离目标越近，就会工作得越快、越努力**。无论你的目标是提高销售额、完成项目、获得提升，还是实现其他职业目标，改变大脑对你距离目标有多远的感知的做法都能够带来动力和专注，从而使大脑发挥出全部潜力。

俗话说，不能从历史中学习的人注定会重蹈覆辙，在科学领域中，这句话尤其正确。当我在大学学习心理学时，教授们常常会嘲笑 10 年前的研究。带着心照不宣的笑声，他们会把那些研究贬低为落伍的老古董。他们的观点很清楚：我们已经进步了，远远超出了 10 年前的水平。

作为科学家，了解新信息让我们感到无比兴奋，甚至到了忘记了之前的研究的重要性的地步。也许就是这个原因，导致了当我和教育者们交谈时，其中只有极少数人听说过罗伯特·罗森塔尔（Robert Rosenthal）和勒诺·雅各布森（Lenore Jacobson）在 1968 年发现的著名的皮格马利翁效应（Pygmalion Effect）：即使老师从来没有说出他们的期望，学生的表现也会与老师的期望相匹配；导致了当我在养老院和医生聊天时，几乎没人听说过哈佛大学教授埃伦·兰格（Ellen Langer）在 1979 年所做的研究：在研究中她仅仅通过让 75 岁的老人在一周中假装回到了 20 年前，便达到了逆转衰老的作用[①]；导致了尽管克拉克·赫尔（Clark Hull）的目标梯度假设实际上对所有的商业成果、教育成果和个人成果都会产生

① 更多相关研究，可参阅兰格的系列作品《专念》《专念创造力》《专念学习力》，该系列作品已由湛庐策划、浙江人民出版社出版。——编者注

影响，但是你可能从未听说过它。

目标梯度假设

赫尔生于1884年，他成长的时期正是现代科学迅速发展成熟的时期。赫尔的生活并非一帆风顺，还是个小男孩的时候，他患了伤寒症，差点儿送命。虽然赫尔奇迹般地活了下来，但伤寒给他造成了一些创伤，永久地损害了他的视力和记忆力。然而赫尔非常有毅力，尽管视力和记忆力都很糟糕，但他依然坚持完成了大学学业，似乎战胜了那些厄运。然而就在这时，这位24岁的年轻人被诊断出患有脊髓灰质炎。

脊髓灰质炎侵害了赫尔的身体，他的一条腿再也不能正常行走了。但是赫尔没有放弃他为自己设定的目标。有些人把生活中的重担看成是放弃远大抱负的理由，但赫尔给自己做了一根拐杖，这样他便可以继续追求自己的目标了。他不得不数次暂停学业，靠打工支付自己的学费，直至获得心理学博士学位。当读完博士后，赫尔本可以放松一下，减慢前进的脚步，但对他来说，这只是刚刚开始。他实现的目标越多，实现下一个目标需要投入的时间就会变得越少。

在心理学领域里流传着一句玩笑：你的现实是什么，你最终就会研究什么；我们称为“研我”（mesearch）。如果你研究的是抑郁，那么你可能有抑郁倾向；如果你研究的是肥胖心理学，那么你可能存在超重问题；如果你研究的是管理愤怒……我们通常不敢说出你为什么研究这个主题（以免被你暴揍一顿）。

那么赫尔研究的是什么呢？如果病体让日常生活变成一种抗争，但你却坚持去完成一些了不起的事情，那么你感兴趣的研究主题或许就是为什么有些人能实现目标，而有些人却不能。你可能想研究高层次的过程，比如驱动力、承诺、动机和潜力对成功率的影响。1926年，赫尔写道：“我多次感悟到人类的有机体是最非凡的机器之一，不过总归是机器。”他相信人类是可以被调节，从而获得更快速度和更高准确性的机器。

当时，还没有心理学家对人类进行过行为研究，因此赫尔不得不以老鼠为研究对象。还有什么比观察老鼠努力找到迷宫出口更好的研究方法呢？

经过数万小时的观察，赫尔注意到一个看起来很常见的现象：老鼠离迷宫出口越近，它们的前进速度就会变得越快。为了证实这一发现，赫尔在迷宫的通路上安装了电子传感器，从而能够准确地知道老鼠在整个过程中的速度。他发现，就像马拉松运动员在 X 点时的情况一样，老鼠在接近目标时确实也会加速。

你是否注意到在即将读完一本书的时候，你的阅读速度会加快？或者当你知道电话即将被挂断时，你的语速会加快？或者当眼看就要完成一项重大项目时，你会工作得更卖力、更高效？这就是赫尔的目标梯度假设在发挥作用：离目标越近，你就前进得越快。

赫尔是一位行为主义者，他相信大脑依赖于客观的行为标准。不过我是一位积极心理学家，我相信不仅客观的测量能够赋予大脑力量，主观的感知也可以。基于我的研究（研究对象不是老鼠，而是企业和办公室里的员工；使用的不是迷宫，而是现实世界的目标和团队），我给赫尔的假设提出了一条重要的补遗：不仅当我们客观上更接近目标的时候，我们会变得更努力，速度变得更快，而且当我们主观上感觉自己离目标更近的时候也会如此。换句话说，如果我们觉得离成功越近，我们就会变得越成功。

把靶子画得更近一些，这能够激励我们释放出驱动力、活力、专注力以及认知资源，从而帮助我们更快地实现目标。现在就让我们来看一看如何能创造 X 点，从而加快项目的进度、提高工作效率、增加利润并改善个人生活及职业方面的成果。

肖恩
独家观点

给予自己领先优势。设计目标的时候，把一些已经取得的进步也包含进去。例如，如果你制作了一张健身图表，希望从此开始锻炼并坚持下去，那么在核对清单时不要从第一天开始打钩，而要把前几天先勾上。如果你的新年目标是筹集 1 000 美元善款，那么就不要从零元开始，而要从你通过其他方式积累的一些钱开始，这样你就会觉得自己已经向着目标前进了一些。

改变你对终点距离的感知

2006 年，哥伦比亚大学商学研究所的研究者们做了一系列有趣的研究，他们将赫尔的假设引入了商业世界。其中一项研究后来被发表在《市场营销研究杂志》(*Journal of Marketing Research*) 上，研究探索了目标梯度假设能否被用来加快顾客消费的速度。如何用真实生活中的顾客来重复赫尔的实验呢？没人会在真实世界中走迷宫，他们需要在零售环境中模拟目标实现的情境。

研究者们很聪明，他们决定查看当地一家咖啡店的客户奖励计划的参与率和购买率。以下就是研究的实施过程：所有顾客都会得到一张积分卡，并被告知每次购买都会被记录下来，每多购买一次，就会离奖励更近一步。在这个奖励计划中，买 1 杯咖啡会积 1 分，积 10 分会得到 1 杯免费咖啡。然后研究者记录了人们购买咖啡的日期，看他们是否在临近获得免费咖啡时会购买得更频繁。真实情况正是如此：就像目标梯度假设预测的那样，顾客距离目标越近，他们向着终点前进的速度便会越快。

这时，研究发生了一个非常有趣的转变。研究者重复了咖啡店的实验，不过这次一半顾客得到了“买 10 杯奖励 1 杯”的积分卡，另一半顾客得到的是“买 12 杯奖励 1 杯”的积分卡，而前 2 分已经帮顾客积上了。因此，在两种情况中，人们其实都是买 10 杯可以免费得到 1 杯，也就是说距离目标一样远。

不过第二组顾客会产生一种已经领先的感觉，在还没有买 1 杯咖啡之前，第二组顾客似乎已经朝着奖励前进了 1/6，而第一组顾客还没有开始他们漫长的免费咖啡之旅。如果你在第一组里，那么你购买的第一杯咖啡仅仅让你向着目标前进了 1/10；而如果你在第二组里，那么你买的第一杯咖啡就可以让你完成整个过程的 1/4。这对购买行为会产生什么影响？有趣的是，第二组顾客比第一组顾客更快地积满了 10 分，因为虽然距离是一样的，但是他们感觉自己离目标更近。

这一系列的研究也证明了赫尔的假设必须被修订。能够预测行为的不仅仅是人们与目标之间的客观距离，还包括人们对客观现实的主观感知。

正如你能够想象到的那样，这些研究对商业领域具有重大的意义，因为频繁购买的顾客显然在一段时间中购买的次数会比较多。因此，研究者会问，这一假设是否也适用于网络上的购买行为（电子商务的风险更高）？毕竟网上购物者集中注意力的时间很短，周围还有各种干扰的声音，所以，让顾客尽快、尽可能频繁地购买是很重要的。

为了找到问题的答案，研究者设计了一种类似于咖啡店买 10 赠 1 的奖励系统：人们在对一定数量的歌曲做出评价后会得到礼品券。他们再一次发现，人们在接近赢得礼品券的时候会出现三种情况：（1）每次访问网站时会对更多的歌曲做出评价；（2）会更频繁地访问网站；（3）在评价歌曲上会花费更长时间。也就是说，当离目标越来越近时，他们不仅评价得更快，而且更努力，投入的时间也更多。

更重要的是，对于企业，以及任何与客户或消费者打交道的人来说，这些研究都包含着非常有用的启示。有一个启示很明显，如果你想激励顾客更频繁地光顾你的店铺，你设计的奖励计划应该保证人们：（1）能够感觉到领先优势；

（2）能够感觉到进步空间。

无论你从事的是什么行业，无论你的工作职责是什么，将马拉松一样的工作转变为冲刺的最好方法是：改变你对终点的感知。在任何可能的时间、地点，为你的团队创造 X 点。通过一次次的积极反馈，通过缩小你与目标之间的距离感并用形象的方式展现出进步，你可以让团队成员看到成功近在咫尺。实用而简单的方法是制订每周目标，而不是制订年度目标。你可以制作日常习惯图表，据此来核对每一个积极的习惯或行为，而不是核对需要花费更长时间、涉及更多步骤的重大任务。如果目标是“回复老板的电子邮件”，而不是“处理完收件箱”，那么目标看起来就会更容易达到。

把大项目分解成较小的、渐进式的目标，同时要在完成 70% 的任务的地方为自己设定里程碑，创造 X 点。例如，如果渐进式的目标是公司年收入达到 100 万美元，当达到 70 万美元时，一定要记得对自己、对团队强调这一点。如果你的目标是回复 10 个客户的电话，那么一定要留心什么时候打完了 7 个电话。当大脑知道你离终点很近时，它便会释放出成功加速剂，从而提升你的驱动力和效率，加速你前进的步伐。

我从微软欧洲公司的一名员工那里学到了在职场中创造 X 点的最佳方法。他说当你为一天中要做的事情列清单时，先把你已经完成的事情写下来，然后马上给它们打上钩。就像咖啡店在积分卡上预先给顾客积两分一样，你的每日任务清单也能创造出 X 点效应。清单上还应该包括三件你无论如何都要做的事情，比如参加每周的员工会议，然后把这些事情也打上钩。这样一来，出现 X 点体验的可能性就会增加，因为你一直在强调这一天中你已经取得了多少进步。重点是，你应该感受到自己正向着终点前进，而不要把注意力集中在你离终点还差多远上。

这些发现对于我们应该如何为自己及团队设定目标具有重要的意义。对于个人来说，你在设定目标的时候可以让自己感觉抢得了先机，并且已经取得了一些进步。例如，你不应该把每个季度销售目标的起始点定在 0，而应该把前一个月或前一周的销售额囊括进来。虽然与目标之间的距离都一样（例如，如果你最初的目标是 10 000 美元，现在你从 1 000 美元开始，那么你只要把目标提高到 11 000 美元就可以了），但你和你的团队会更快、更努力地去实现目标，因为目标看起来好像更近了。

肖恩
独家观点

找到 X 点。X 点能让大脑相信你有可能获得成功，为之付出是值得的，而且成功并不遥远。它们不仅仅出现在一个项目接近尾声时，而是出现在整个过程中。在工作中，我们可以设计每天要去实现的迷你目标，这样你每天都能收获大脑加速剂。当你完成了迷你目标的 70% 时，你要设立里程碑来提醒自己，这样大脑便会释放出提升工作效率的化学物质，从而加速你的进程。

对于挑战特别大或者特别枯燥乏味的任务，你应该关注“到目前为止的进步”，而不应该关注“还有什么没完成”。最好的方法之一是：在写每天要做的事情的清单时，把你已经完成的事情先列上去并打上钩。因为，强调你已经取得的进步可以增加获得 X 点体验的可能性。

多多回顾过往的成功

研究目标理论的实验室的最新研究为 X 点理论增加了另一个重要的新维度。芝加哥大学的古敏贞（Minjung Koo）和阿耶莱·费斯巴赫（Ayelet Fishbach）发现，当你缺乏积极性或不够投入的时候，加快发展的最佳方式不是展望目标，而是回顾你已经完成了什么。

你对某个目标越在意，你就会投入越多的精力和努力去实现它。事实证明反之亦然：你为一项任务或挑战投入得越多，你就会越在意它。这被称为“承诺升级”。在工作和生活中你可能已经多次看到过这种现象：你在一个项目中投入的金钱、时间和精力越多，即使是非常不明智的项目，你也会觉得必须继续投入额外的努力，以保证自己能从中获得一些结果；一本无聊的书你看得越多，便越有可能一直看到结尾；在学习一项新技能上投入的时间越多，你掌握它的决心便会越大。即使一开始你并不是很投入，但已经取得的进步和已经付出的努力也会让大脑释放出更多成功加速剂，从而给予你更多前进的动力和信心。

当你开始对目标不是非常在意或投入的时候，回顾你已经为目标投入的精力和资源的做法具有巨大的推动作用。在职场中这可以成为一个非常有效的策略，因为在工作中我们常常会不情愿地被分配去完成某个我们根本没兴趣的项目或任务。

现在，让我们设想一个在工作中你投入程度比较低的重要目标。例如，你被分派去为一个新部门招募人员，但新员工并不向你汇报，而且你很讨厌面试。这时，你应该留心自己已经筛选了多少份简历、已经面试了多少位应聘者、已经为此做了多少工作。例如，在工作期间你无法保持健康的饮食，而且你对减肥这一目标并没有像对炸鸡翅和百吉饼那么热衷，那么请你尽量找到进步的迹象，比如，上个月你减掉了两斤，或者有一次你选择了水果而不是巧克力作为甜点。研究者发现，当人们开始锻炼时，他们往往也会开始健康饮食，因为一旦他们在锻炼上付出了资源，那么再吃纸杯蛋糕似乎就是对投资的巨大浪费。

无论目标是什么，无论对进展感到多么失望，你都要花几分钟时间把自己已经完成的工作、已经取得的进步写下来。要了解清楚你已经走了多远或者在这个项目上已经投入了多少，让这些进步的阶段成为你的 X 点。提醒自己过去取得的成功有助于让大脑感知到你离最终目标越来越近了，这会让你充满动力和干劲儿，加速前进。

策略 2：放大达成目标的可能性

在射箭的时候，靶子越大，你射中的可能性也越大。同样，**目标看起来越大，大脑就越会相信你能够实现它**。各种研究已经发现，当人们觉得自己实现目标的可能性比较大时，他们的成功率会大大提高。高尔夫选手能够更多地击球入洞，棒球运动员能够击出更多的本垒打，员工更有可能坚持完成一项重大的项目，团队工作效率会提高 31%。

当大脑在构建现实时，目标的临近性不是唯一重要的方面。就像那些最先进的导弹一样，你的大脑在不停地计算着目标的大小或者命中目标的可能性。为了理解这条规律，你首先要知道目标的大小指的是你感觉实现目标的可能性有多大，而不是指目标有多重要或你有多野心勃勃。颇具讽刺意味的是，有些最显眼的目标实现的可能性最小。例如，成为苹果公司的 CEO 是一个宏大的目标，但老实说，你实现这个目标的可能性几乎为零。想一想扔飞镖，靶心的牛眼越大，你投中它的可能性也会越大。那么，投中牛眼是一个了不起的成就吗？不是特别了不起，不过它是一个更容易实现的目标。

过去 5 年的相关研究显示，改变你对目标大小的感知，也就是改变你对成功可能性的感知的做法能够像感觉目标更接近的做法一样，带来认知方面的益处。

在有关成功加速剂的实验中，我最喜欢的实验之一与高尔夫球有关。在这项研究中，研究者让被试在距离球洞 1.7 米的位置击球。研究者用一台投影机在球洞周围投射了 5 个大圆或 11 个小圆的图像，从而造成了著名的艾宾浩斯错觉（Ebbinghaus illusion）。图 3-1 中，哪个中心的圆形更大？

答案是两个圆一样大。在艾宾浩斯错觉中，如果中间的圆被小圆围绕着，那么它就会显得更大，反之亦然。为了再现这种错觉，研究者在高尔夫球洞周围投射了一些大圆，看高尔夫球手在明知球洞都一样大的情况下，是否会觉得球洞变

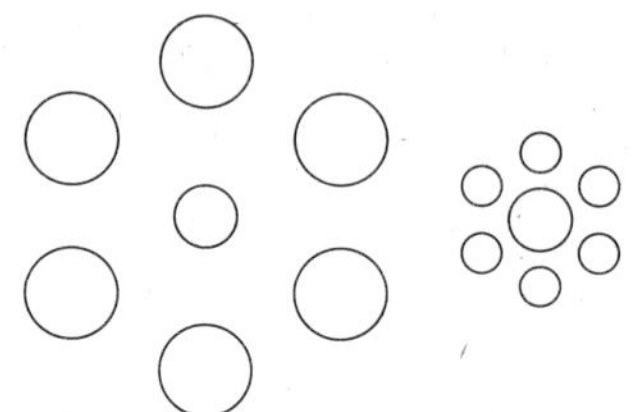

图3-1　艾宾浩斯错觉

小了。然后研究者会查看高尔夫球手对目标大小的感知是否会影响他们的表现。

选手们的表现确实受到了影响。尽管球洞都一样大，但当它看起来比较大的时候，即周围投射了小圆的图像的时候，高尔夫球手把球打入洞中的概率明显提高了；当球洞看起来比较小的时候，打不进去的概率明显提高。

这是一项非常重要的研究，它告诉我们，觉得很有可能取得成功时，成功就会成为自我实现的预言。当遇到工作或个人生活中的挑战时，你会看到怎样的现实？你获得成功的可能性看起来比较大还是比较小？你可以用一些很简单的方法让目标变大，从而提高自己获得成功的可能性。假如老板在最后一刻分配给你一个很有挑战性的复杂项目，你正为此头疼不已。你成功按时完成这个项目的可能性不大，也就是洞口似乎很小。但是如果你想一想自己曾经完成过的其他项目，有一些甚至比这个项目还困难、还紧急，那么情况会怎样？突然之间，成功的可能性变大了，大脑会充分利用你的所有经验、优势和智力来努力完成那个看起来大了一些的目标。

有一项研究可以帮助我们理解这种特别的成功加速剂是如何发挥作用的，这项研究利用了一款很早期的电子游戏。在游戏中，你需要左右移动一根被称为球拍的水平杆阻拦球通过。这有点儿像玩曲棍球，只是球门是整个一侧的屏幕。你过的关越多，球的速度就会越快，拦截它并把它弹回屏幕另一侧就会变得越困难（图 3-2）。

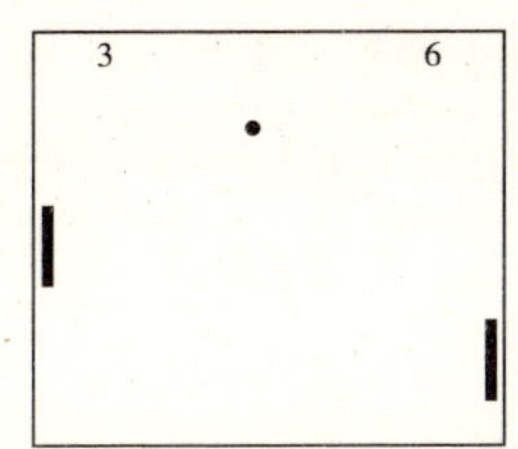

图3-2 一款早期的电子游戏

在一项设计巧妙的研究中，研究者杰茜卡·威特（Jessica Witt）和米拉·尤戈维奇（Mila Sugovic）对游戏进行了一些简单的调整，从而能够操纵被试对目标大小的感知。有些被试使用的是比较大的球拍，这会使游戏变简单，另一些被试使用的是比较短的球拍，这使得游戏更难了。尽管球拍的大小会影响你获胜的可能性，但对球的速度绝对没影响。

然而当研究者让被试评价球移动的速度时，与使用短球拍的被试相比，使用较大球拍的被试认为球的移动要慢很多。换句话说，他们对球速的估计受到了他们感觉任务简单还是困难的影响。

这个研究给了我们一定的启示。当你面临工作中的挑战时，无论是处理复杂的项目，还是应对极难相处的经理，或者是在经济低迷期实现收入增长，如果你觉得球拍比较小，即你觉得自己战胜这些挑战的可能性比较小，那么工作中的挑战似乎就会更快地向你扑来。但是如果你感觉球拍比较大，即感觉自己的能力比较强，那么挑战向你移动的速度似乎是可以控制的，你可以用更多的能量、信心和动力来迎接挑战。

我们已经讨论过获得这种效应的一种最简单的方法：将你目前的资源与"胜利时刻"列成清单，提醒自己在类似的情况下，你曾成功过。一些运动员告诉我，他们在比赛快结束时不会乱了方寸的秘诀，就是提醒自己以前也曾遇到过类似的情况并且应对得很成功。找到你的胜利时刻，哪怕它们不是十分引人注目，你也可以用它们来让自己的目标看起来更大。

肖恩
独家观点

利用胜利时刻。当你或你的团队面临一个令人望而生畏的项目时，你应该创造出胜利时刻。在开始完成任务之前，把你过去在类似情境下所取得的成功罗列出来。这样做能够提醒大脑，你取得成功的可能性很大，因此目标看起来变得更有可能实现了，你的大脑因此会将多种智力和资源更好地运用到项目或挑战上。

尽可能减少主观上的竞争对手

记住，X 点不是告诉你距离目标还有多远，而是告诉你目标是可以实现的。有关 X 点最吸引人的推论之一是被称为 N 效应的心理现象。N 代表研究中被试的人数。如果你是研究者，你会希望 N 尽可能大，因为样本量越大，数据越可靠。例如，如果你想检验人们更喜欢可口可乐还是百事可乐，但你只有 5 个研究对象，而这 5 个人碰巧都喜欢百事可乐，那么你便会得出错误的结论，认为所有人都喜欢百事可乐。

这与我们探讨目标大小有什么关系呢？ N 其实是大脑判断成功可能性的因素之一。因此 N 的大小，也就是被试的数量，会影响被试的表现。不仅在实验室中是这样，在现实世界中也是如此。

在斯蒂芬·加西亚（Stephen Garcia）和亚威沙洛姆·托（Avishalom Tor）的研究中，他们对每个考点的考生人数与 2005 年学术能力评估测试的分数进行了相关性研究。你认为能对分数进行最准确的预测的因素是什么？是过去 10 年里各个学校的分数吗？是获得美国联邦财政支持的数额吗？是少数族裔学生所占的百分比吗？都不是，而是 N，也就是参加考试的人数。

研究者发现，每个考场的考试人数与考生的学术能力评估测试的分数之间的相关系数达到了 0.68，那意味着房间中参加考试的人数越多，他们的分数便越低，这种相关影响是巨大的。如果相关系数为 1.0，那便意味着考生的分数完全由考场中的人数所决定，而与他们的智商和受到的教育完全无关，因此 0.68 的相关系数已经非常大了。如果其他所有因素都保持不变，那么提升你考试分数最简单、最有效的方法就是减少在同一个房间里参加考试的人数。

为了进一步证实这个理论，研究者让被试接受了一系列简单的测试。在测试前，研究者告诉被试，如果他们的分数排名能够进入前 20%，他们便会赢得 5 美元，然后研究者将被试随机分为两组。尽管测试时一个人一个单间，但研究者告诉 A 组的被试，总共有 10 个人参加了测试，而告诉 B 组的被试，参与竞争的有 100 个人。

作为明智的读者，你可能已经意识到 N 本应该对人们的成功可能性没有任何影响，因为在两种情况下，人们获得奖励的可能性都是 20%，然而 A 组被试总体上显著比 B 组被试更快地完成了测试。因为 A 组的被试觉得只要胜过 8 个人他们就能获得奖励，而 B 组的被试认为他们必须胜过 80 个人。对 B 组的被试来说，挑战变得非常巨大，成功的可能性看起来更小了。就像那些感觉球洞变大的高尔夫球手一样，A 组的被试觉得自己更有可能取得成功，因此他们会更努力地去争取奖励。

对于在大公司工作好还是在小公司工作好、应该在甲赛区参赛还是在乙赛区参赛、应该让孩子成为名校里的无名小卒还是成为普通学校里的佼佼者，这项研究都具有耐人寻味的意义。因此，在面临竞争或挑战时，我们应该如何利用这些知识？

你应该想办法让大脑感知到的 N 或者说竞争者的人数尽可能少。如果你在找工作，尽量把面试安排在早晨，因为那时候一般不会有很多其他应聘者等候在大厅里。如果你打算开一家商店，那么在选择地点的时候，你应该尽量避免每天早晨都不得不经过竞争对手的商店。如果你在为一场重要的考试做准备，那么不要在有很多备考学生的大自习室里学习。如果你是一位作者，那么没有什么能比走进巴诺书店（Barnes & Noble）[①] 更令人气馁了。在那里你会立即发现，书已经多到人类在有生之年根本读不完的地步了。以我的个人经验来看，这种认识会大大影响你写作的进度。

心理原理

为什么房间里的人数会影响考试分数呢？原因在于目标的大小。研究者解释说，如果房间里的人数比较少，大脑就会感觉竞争不太激烈，你就会觉得分数排在前面的可能性大大增加。与之相反，如果周围有很多竞争者，你会无意识地降低自己排名靠前的可能性。换句话说，当我们觉得没有多少竞争者的时候，就会认为成功的可能性更大，因此会更投入、更专注，表现也会更好。

让目标看起来更容易

如果你曾踏进过大联盟棒球比赛的场地，你便会知道体育馆像一个巨大的洞穴，本垒打线似乎在几千米之外。但在普林斯·菲尔德（Prince Fielder）的眼里，棒球场似乎有些不同。7 年中，就像我在沙箱里打儿童棒球一样简单，菲尔德在美国密尔沃基市的米勒球场（Miller Park）轻松地打着本垒打。菲尔德是一位力量型击球手，他的职责就是击出本垒打。无论在哪个体育馆里，他都会瞄准本垒打线。但是并非所有的球员每次都能打出本垒打。如果你作为一名普通的击球手

① 巴诺书店是美国最大的实体书店，它同时是全球第二大网上书店。——编者注

参加大联盟棒球比赛，你只是偶尔能击出本垒打，通常只能击出一垒安打和二垒安打，那么你就不得不决定每次该如何击球了。你是应该击出一垒安打还是应该尽力尝试击出本垒打？这个决定基于你对目标的感知。

一方面，我喜欢棒球的原因之一是它与科学和数字存在很多关系。另一方面，就像喝醉的树懒一样，棒球很慢，因此，除了思考数字之外没有更多可以干的事情。根据运动统计学家的说法，一些体育馆比其他体育馆更容易打出本垒打。重要的不仅仅是场地的大小，影响球是否能越过本垒打线的场地因素还包括风、建筑的特点对风力的影响、气温、海拔高度和湿度等。

棒球运动员很清楚哪个体育馆适合打出本垒打，哪个不适合。因此，如果棒球运动员转移到一个更有可能打出本垒打的球场，比如可能性提高 28.6%，那么会怎样？从统计学的角度看，他击出的本垒打的概率不止提高了 28.6%。有一项分析发现，棒球运动员在更有可能打出本垒打的球场击出的本垒打的数量与在普通球场打出本垒打的数量相比翻了不止一番，比以前多了 60%。这是为什么？

答案在于目标的大小。如果你认为自己所在的场地更有可能击出本垒打，那么你就很可能会竭尽全力去追求这个目标。但是如果你感知到的是消极的现实，即你认为自己击出本垒打的可能性很小，那么大脑便会发出信号，让你仅仅尝试一垒安打。

如果你希望在下个月把客户数量从 15 人增加到 25 人，但你觉得实现这个目标的可能性仅为 50%。那么为什么不挪动本垒打线，让目标看起来更容易实现呢？比如，定为用两周时间增加 5 名客户。虽然在一定时间内增加的客户数量并没有改变，但由于一次增加 5 个客户的目标看起来不那么令人望而却步，因此成功的可能性好像变大了。或者你可以用另一种方式来改变目标的大小。你想增加 10 名客户可能是因为你认为这样收入就能增加 50 000 美元，而这个目标似乎比增加 10 名客户更容易实现，那么你就可以把目标设定为收入增加 50 000 美元，你的大脑会因此释放出更多能量，从而让你更投入、更专注地去实现这个目标。

心理原理

就像在棒球场中一样，在工作与生活中，我们的感知也会影响我们是否能全力以赴，争取本垒打。不过有关棒球的研究告诉我们，重要的不仅仅是本垒打线的实际距离，还有我们对距离的感知。看一看你的工作以及目前的生活，你是否认为自己在某个领域中永远也击不出本垒打？如果是因为线看起来太远了，那么就请你挪动本垒打线，让任务显得容易些吧！如果我们相信养成新习惯或实现目标的可能性低于 70%，那么我们坚持下去的可能性就会随之大幅减少。因此，你设定的目标要使你能够相信自己至少有 70% 的可能性实现它。

策略 3：把主要精力留给关键目标

为了实现目标，你肯定需要投入一些精力。不同类型的目标需要不同的心理成本。付出的心理成本越小，你向成功迈进的速度就会越快。研究显示，通过改变大脑对这些成本的感知，你能够将实现目标的速度提高 35%。

成功的第三种加速剂是投入。投入就是你觉得自己为了实现目标所需要的精力。研究显示，并非所有的目标对精力的要求都一样，我们会觉得某些任务比其他任务需要我们付出更多的心智能量、努力和资源。研究同样显示，如果我们觉得自己为了实现某个目标需要付出更多的心智努力，那么我们放弃目标的可能性就会更大。

在弗吉尼亚大学的普罗菲特领导的一项研究中，研究者发现，如果你把物体摆放在小山上，那么人们费劲儿去把它拿下来的可能性就比较小。你是否经常误以为某个任务或挑战非常困难，结果却发现促成订单、赢得谈判或获得晋升比想象中容易很多？在与美国国家多发性硬化症学会（National MS Society）合作期间，我看到了这种现象。研究者之前便发现，当你将物体放在长长的走廊的另一头时，患有慢性神经肌肉痛的人所感知到的走廊长度比那些走路不费劲儿的人所感知到的走廊长度更长。在他们的现实中，走廊之所以更长是因为他们走过它需要付出更多的努力。不过好消息是，我们有能力改变我们对自己需要付出的努力、需要克服的挑战或障碍的感知。

2011 年，我曾在加利福尼亚州一家大型动画工作室做过演讲，其中一位听众评论道："通常在做完日常工作后，我还可以精力充沛地去运动。但是如果要为新项目付出富有创意的劳动，我便需要投入大量的精力，最后累得根本不能去锻炼了。虽然我在办公桌前坐的时间一样长，但后者带来的感觉就好像我已经工作了三四天。"企业培训师也存在相同的问题。每天让他们做 8 ～ 10 个小时的培训，这完全不成问题，但做 45 分钟的主题演讲常常会让他们感到精疲力竭。你或许在自己的工作中也多次看到过这种情况，比如你可以连续写 5 个小时的计算机代码，一点儿都不觉得费劲，但专心致志地看本书的内容却会消耗你大量的心理能量。

正如研究者凯瑟琳·福斯（Kathleen Vohs）及其同事所发现的那样，**如果在调节情绪之前你需要做出多个决策，那么大脑就会更快地感到疲劳，你拖延的可能性就会更大，你就会显得精力不足，更有可能半途而废**。因此，如果能将工作中不重要的任务惯例化，使之成为自动化反应，从而减少有意识地做出决定的数量，那么在重要目标上你便能投入更多的精力。尽量将几点上班、早餐吃什么、什么时候茶歇等事务惯例化。那样你就不必将宝贵的心理能量用来决定早餐吃松饼还是燕麦，或者决定 10 点半休息还是 11 点休息了。

再有一点就是，要把最重要的工作安排在一天较早的时候（不一定要安排为第一件事），不要把两个重要的会议或很消耗脑力的任务安排在一起。研究者罗伊·鲍迈斯特（Roy Baumeister）曾发现，大脑的自我调节能力或意志力就像我们手臂上的肌肉，你可以强化自己的意志力，但必须让它先得到休息。刚在健身房练完举重后，你没法儿立即帮别人搬家具。因此，在刚刚做出许多情感及认知方面的决定后，你怎么可能有精力去做最重要的工作呢？

记住，最重要的是你对自己需要投入多少努力的感知。如果一项任务或一个目标让你感到手足无措，那么你就可能高估了它的困难性。解决这个问题的方法之一是从客观的、目标单元的角度来思考，而不是从需要付出的努力来思考。例如，如果你的电子邮件的收件箱爆满了，那么你可以计算一下自己需要回复多少封邮件，而不是一门心思想着回复一封棘手的邮件需要费多大劲儿。几乎在任何情况中，从分解后的一个个任务单元的角度来看的做法都会让任务显得不那么困难、不那么艰巨。

心理原理

葡萄糖是大脑主要的能量来源，由于困难的任务消耗的葡萄糖比简单的任务多，并要使用到状态不好的脑区，因此大脑不得不更努力地工作，消耗更多的认知资源。用户体验网络（User Experience Network）的总裁苏姗·魏恩申科（Susan Weinschenk）侧重研究如何降低与商业、社会互动有关的认知成本，即投入。根据魏恩申科的说法，当你从身体过程（比如移动鼠标）转向视觉过程（比如扫视或观察）或认知过程（比如逻辑推理、决策）时，心智成本会增加。

我要提到的过程虽然不是魏恩申科的研究重点，但是通过我与《财富》100强企业的合作，我认为应该加入一个最消耗成本的过程：情感和社交过程。我们对一些相关的例子应该并不陌生，比如，苦苦纠结于写给老板的电子邮件的措辞，或者试图读懂开会时坐在你对面的人的表情。

肖恩
独家观点

保持客观。如果工作中的任务让你感到无从招架，那么你可以试着从客观的、目标单元的角度来思考，而不要去想需要付出多少努力。如果你要去参加一个客户会议或进行一次销售拜访，你觉得那好像要花费极长的时间，因为你不得不穿过整个城市，那么你可以用地图 App 查一查实际需要用多长时间。如果为了做决策或解决问题，你觉得需要收集的信息多到不可思议，那么你可以把实际需要与之交谈并获得信息的人的名字写下来。当从客观的、目标单元的角度来思考时，对需要付出多少努力的感知就不会让你变得情绪化。

当身体很疲劳时，登上一级楼梯都会像跑马拉松一样令人精疲力竭。同样地，当大脑很疲劳时，诸如写一封电子邮件或浏览一份报告这样简单的任务看起来也会很困难。这就是当你面对工作中棘手的或令人望而却步的挑战时，要避免大脑疲劳非常重要的原因，因为疲劳的大脑会让你感觉自己需要较多的投入。由于你做出的每一个选择都需要付出一些认知努力，而认知资源是有限的，因此避免疲劳的关键是明智地分配你的认知资源，从而为真正重要的任务和挑战储备资源。例如，如果某天你要从事一个重要的项目，中午就不要和难缠的同事一起用餐。再举个例子，在参加一个需要你投入很多精力的社交活动前，不要读艰涩的学术文章。

尽可能地进入“心流”

能够影响我们对自己需要投入多少的感知的因素不只有心智努力。觉得任务需要我们付出极端努力的想法会耗尽我们的热情和动力，需要为任务或项目付出很长时间的想法同样如此。有趣的是，我们对时间的感受更多是由我们的大脑决定的，而不是由钟表决定的。

斯坦福大学的心理学家菲利普·津巴多（Philip Zimbardo）[①]因监狱研究而出名，后来他写了一本名为《时间的悖论》（*The Time Paradox*）的书，他在书中探讨了人类对时间的感知。他的基本假设是：在一段时间内，你需要使用的心理能量越多，这段时间感觉起来就越长。如果你正在从事很乏味的工作，思想都集中在手头的任务上，你就会觉得时间过得很慢。但是如果你一边在椭圆机上健身，一边看着你支持的球队打 1/4 决赛，时间似乎就会过得很快，你会觉得 20 分钟的锻炼一眨眼就过去了。

这一发现对企业以及直接面对客户的员工非常有启发。你要求客户做的事情越消耗脑力，比如，不得不阅读很多密密麻麻的文字、不得不做出很多选择，他们就越会觉得这个过程花费了很长时间。如今是一个即刻满足的时代，如果客户觉得和你做生意很费时间和精力，那么他们很可能就会像懒得去取山上物体的研究中的被试一样，干脆不跟你打交道。

谷歌公司的一位高管曾对我说，有段时间他想找些跑步时听的音乐，于是就用谷歌搜索“国家橄榄球联盟最好的加油歌曲”，并发现了一个自夸有 100 首加油歌曲的网站。他不得不点击每一首歌曲，等着页面在他的手机上更新图片和描述。他开玩笑地说，当点击到第 98 首歌曲的时候，他的内心已经疲劳到了极点，于是他决定干脆不去跑步了（至今他也没有养成锻炼的习惯）。我找到那个网站，发现他是对的：我甚至没有查看完最前面的 10 首歌曲。对于我的大脑来说，这种投入似乎太多了。

如果你认为完成一项挑战或任务需要花费的时间越长，你就会觉得这项挑战或任务越困难。正如我们已经看到的那样，如果大脑觉得某件事情越困难，那么你在完成它时就会真的越困难。在《发现你的积极优势》一书中我写到，3 ～ 20

---

① 津巴的教授是心理学领域享有盛誉的泰斗级大师，想了解其生平，欢迎阅读由湛庐策划、浙江教育出版社出版的其自传《津巴多口述史》。——编者注

秒钟的延迟就会严重阻碍你去完成试图要做的事情。我想给潜在的客户发电子邮件，但我不知道把他的邮箱地址放哪儿了……所以以后再发吧。我想吃点儿水果，但水果在厨房里，而软糖豆正好在桌上……所以就吃糖豆吧。

我在《发现你的积极优势》一书中还描述了“关键 20 秒”法则，它可以帮助你的大脑找到阻力最小的路径，从而帮助你养成积极的习惯，避免消极的习惯。在书中我提到自己如何把遥控器的电池放在另一个房间里，让拿到电池的时间比 20 秒更长，借此改掉了每天看 3 个小时电视的习惯。我还提到自己如何穿着健身的衣服睡觉，这样睡了 21 天后养成了晨练的习惯。这些都是减少一个人感觉需要付出更多的基本方法。

在一个人对时间的感知中，情感期望也发挥着很大作用。如果客户打来电话，公司的自动应答系统告诉他，1 分钟后将有人接听他的电话，但其实客户等了 4 分钟，那么他就会觉得那 4 分钟好像漫漫无期；但是如果客户被告知需要等 10 分钟，而客服代表在第 4 分钟的时候就接起了电话，那么同样是 4 分钟，这次感觉就会一点儿都不长。在德国，如果火车晚点 5 分钟（德国的火车总是很准时），人们就会坐立不安，不停地看手表，一脸愤怒；但是如果纽约的地铁晚点了5分钟，你就会觉得自己已经很幸运了。如今，如果一个网址需要7秒钟加载，我们就会再也不去访问它；而在 20 年前，我们则会惊叹全新的调制解调器真是神速。

这说明时间是非常主观、非常具有相对性的体验。如果你曾疑惑过为什么一个 11 岁的孩子会觉得一周的时间就像是永远，而对一个 55 岁的人来说就是一眨眼的话，你可以这样想：对于一个 11 岁的孩子来说，24 小时是他生命的 1/4 000，而对一个 55 岁的人来说，那只是他生命的 1/20 000。与之类似，在 60 岁的企业家看来，一年的经济衰退并不算致命的打击，因为那只占他职业生涯的 1/40，但在 25 岁的年轻企业家看来，那完全是灾难性的，因为一年的经济衰退占了他职业生涯的 1/3。

研究者彼得·曼根（Peter Mangan）做了一个有趣的研究，他发现，当他让人们一边从事一项任务，一边估计什么时候到3分钟时，18～25岁的人估计得更准确，而60～80岁的人会多估计40秒。换句话说，在老年人的感知中，时间过得快20%。

这看起来好像是一个毫无意义的发现，但像80岁老人那样感知时间其实会带来很多实际的益处。例如，如果你为一个项目已经投入了8个小时，但感觉只有6个小时，那么你就会有更多精力和耐力坚持下去。如果你在跑步机上跑了20分钟，但感觉只跑了13分钟，那么你就更有可能再坚持跑7分钟。你是否注意到当你预计自己会耗尽精力的时候，你真的会感到筋疲力尽？比如你计划跑20分钟，当20分钟一到，你便觉得自己再多跑一分钟也坚持不下来了；你计划工作到下午5点，一过了那个时间，你就会觉得自己已经没有再多干一点儿的精力。如果你想驾驭精力，从而能够更长时间地、更努力地工作，那么你只需要改变自己对已经工作了多久的感知。

心理原理

具有讽刺意味的是，管理时间的关键在于丢失时间，更准确地说就是，不去追踪时间流逝了多少。我们都有过这样的经历，当我们全身心地做某事时，时间就好像白驹过隙。因为当大脑全神贯注的时候，位于大脑皮层中的“计时员”会将资源转向大脑正努力在做的事情上，剩下的资源便不足以让它去记录时间了。因此时间好像过得更快了，这使你能够更长时间地、更高效率地、更努力地去工作。

希斯赞特米哈伊在他有关幸福的开创性研究中描述了这种状态。在这种状态中，人们完全沉浸在任务中，几乎所有有意识的认知功能都集中在任务上，这种状态被称为“心流”（flow）。希斯赞特米哈伊认为，心流与最高水平的幸福密切相关，人们常说的“欢乐时光过得快”是有科学依据的。

恐惧、担忧、期盼和无聊会让你大脑中的计时员高度警觉，除了关注时间你没法儿专心于其他任何事情。这就是为什么当你等着下班时，或者临近暑假前的日子，或者当飞机晚点时，你会觉得时间好像停滞了；这就是为什么在等待医院的检查结果期间，你简直度日如年；这也是为什么士兵们觉得已经战斗了好几个小时，其实只有几分钟。你对令人担忧或恐惧的事情关注得越少，就越容易不去在意时间，从而将所有的大脑资源都用来完成手头的任务。

盯住成功，而非盯住失败

正如我在海军训练中学到的那样，一种武器系统可以拥有世界上最快的导弹，但如果它不能锁定目标，那么它就会与目标擦肩而过。与之类似，在职场中你可能拥有各种成功加速剂，但如果不能保持正确的轨迹，那么你也无法实现目标。

在一个阴云密布的早晨，我加入了毛伊岛的一所冲浪学校。在这样恶劣的天气里，海面上几乎没有业余冲浪者。因为以前我从来没有冲过浪，所以我决定在下午听课前先尝试一下。

如果积极心理学研究者存在一个共同的性格缺陷的话，那就是我们对一个人通过心理的力量来很快掌握一项新技能往往过于自信。但是，我在得克萨斯州长大，我的游泳技术和患有眩晕症且喝醉了的奶牛差不多，可以说我没有什么先天优势。

教练和我一起划出海面，海浪变得越来越汹涌起伏。就在教练把我推向波浪之前，他大叫道："掉下来不要紧，千万不要触礁。"那时我才看到，整个海滩似乎都被巨大的砾石覆盖着，只有我右侧大约 45 米外有一小片沙滩。"看着沙滩。"教练的喊声盖过了波涛的喧嚣，"你看着哪儿，海浪就会把你带到哪儿。"然后他把我推了出去。

一个大浪从我身后卷来，我抓紧冲浪板，海浪把我高高地托起，我无比骄傲地第一次站在了冲浪板上，不过面前的一排岩石打断了我瞬间的骄傲。我本可以更明智一些，从冲浪板上跳下来，但由于太相信自己的冲浪能力了，我选择了继续向前冲，而我的运动轨迹直指前面的岩石。我记得教练说的要看着沙滩，但那时我似乎已经不需要看沙滩了，而留心礁石非常有必要。

不过教练也说过："你看着哪儿，海浪就会把你带到哪儿。"他是对的，海浪迅速把我直接推向了礁石。我摔倒了，掉进水里，脖子撞在了石头上。我试着站起来，冲浪板飘在我身后，我手腕上的绳子和它连在一起。我很幸运，本来有可能摔断胳膊或腿，搞不好还会瘫痪，但现在受伤的只是我的骄傲。当教练看到我羞怯地划回来时，他摇着头嘟囔道："让你看着沙滩的。"我心里却在嘀咕，为什么把初学者的冲浪课设在危险的礁石前面。

在与各家公司合作的过程中，我一而再，再而三地看到这种情况：我们努力躲避职场中的礁石，但结果却向着礁石冲了过去。当我们越专注于自己担心的结果，比如失去客户、兼并失败、没有得到提拔、没有进入理想的学校等，大脑就越会总想着这些信息，最终将我们的轨迹直接导向那些悲观的假设。现实越是证实了我们最坏的假设，大脑便会花越多的时间和精力来担忧未来的糟糕结果。

在纽约一家享有盛誉的公司里，一位60岁的投资银行家便陷入了这样的恶性循环。当时，我在亚利桑那州的菲尼克斯市举办的一次投资会议上做演讲，演讲结束后我们搭乘同一辆车。在车行进的10分钟里，这位银行家告诉了我他的资产净值，并说他现在依然每周工作80个小时。我想他可能认为我像他一样是一个工作狂（因为我告诉他自己总是到处出差，做演讲或进行研究），他开始敞开心扉，并告诉我他小时候家里不是很有钱。因为缺钱导致了很多纷争，最终导致他的父母离异。囊中羞涩的童年带给他很多痛苦，他发誓当他做父亲时，要不惜一切代价避免重蹈覆辙，那就是他进入银行业的原因。

然而，他的担忧代价巨大。他说他总是感到很焦虑，总想着多赚钱，避免孩子经历他曾经经历过的艰难生活。但是他越是为赚钱的事担心，工作的时间就会越长，而工作的时间越长，他与家人相处的时间就会越少。他错过了孩子的钢琴独奏会，没有去看孩子的棒球比赛，甚至错过了孩子的生日庆祝活动以及其他一些重要的活动。最后，他的妻子忍无可忍，提出了离婚。他的眼睛一直在盯着礁石，因此他径直向着礁石冲了过去。

我们关注的事情会成为我们的现实，因此，让大脑聚焦于真实、有意义且积极的目标非常重要。这适用于我们所能想到的各个生活领域。一位来自加州顶尖大学的篮球教练曾对我说，如果球员罚球时想着“不要投不中啊”，那么几乎可以肯定他不会投中。相反，球员应该将注意力集中在投中篮筐的景象上。与之类似，杰米·泰勒（Jamie Taylor）和戴维·肖（David Shaw）做了一个实验，他们让被试想象把高尔夫球打入了球洞或没打入球洞的场景。可以肯定的是，那些想象击球失败的人比想象击球入洞的人更有可能打不进去。无论你的目标或面临的挑战是什么，设想成功的样子都有助于你向着沙滩而不是向着礁石前进。

肖恩
独家观点

盯着海滩，不要盯着礁石。在大脑中练习并想象达成目标所要采取的各个步骤。大脑会自然而然地把你导向你所关注的事情。因此不要想象失败，而要想象成功会是什么样子。

另一个帮助你将注意力集中在目标上的方法是，在环境中设置视觉线索，让你随时记得自己的意义里程碑，愿景板是这种方法常见的错误运用之一。在愿景板的方法中，人们异想天开并把符合这些想象的杂志图片剪下来贴在卧室或钉在办公室的软木板上。这种方法存在的问题是，这些内容几乎都反映出一种不现实的、商业利益驱动的愿景，人们认为他们“应该”过着那样的生活（记住，最有价值的现实是既积极又真实的现实）。这种不现实的愿景不仅毫无价值，而且还会对我们的未来造成消极影响。正如纽约大学的研究者发现的那样，在愿景板上粘贴异想天开的目标会让我们对自己感觉更糟糕，因为它让我们误以为自己错失了生活中应得的东西。

不现实的幻想是海妖的呼唤，它诱惑我们将船驶向礁石。但是那并不意味着愿景板是不好的，如果我们能做到采用现实的目标，让它基于真实的意义里程碑，以及聚焦于不远的将来有可能实现的事情，那么愿景板就是有所帮助的。如果方法得当，愿景板就能够帮助我们明确自己真正的目标是什么，比如吃得更健康，而不被社会对我们的期望所左右，比如练出 6 块腹肌。

积极的想象非常简单，但它对我们的现实会产生惊人的影响力。在克利夫兰医学中心（Cleveland Clinic Foundation）资助的一项研究中，一组健康的志愿者每天花 15 分钟练习“手指弯曲”，这很像手臂屈伸，只不过这个练习只涉及一根手指。另一组健康的志愿者被要求练习想象自己在做“手指弯曲”，同样是花 15 分钟。还有一组志愿者什么也不做，他们属于控制组。

12 周后，每天锻炼手指的被试，其手指力量平均增加了 53%。让人感到毫不奇怪的是，控制组没有表现出任何改变。不过，还有一个引人注目的事实，那就是第二组并没有真正锻炼手指的被试，其手指力量也增加了 35%。真是不可思议，在大脑中练习一个动作竟然能增加身体的力量。

心理原理

当你在大脑中练习某事时，无论是一种想法还是一个行为，无论是积极的还是消极的，大脑都会增加相应的皮层输出信号，也就是说，大脑在做那件事情上会变得越发熟练。当然，想象无法替代行动。如果你只是整天想象自己在锻炼，你是不可能像实际进行锻炼一样变得强壮起来的。想象不是实现目标的方法，它是让你在正确的轨迹上不断向目标前进的加速剂。

所以不要浪费时间去盯着天空或礁石，而应该把目标聚焦于真正的目标——沙滩。记住，**积极特质的核心在于将更多的脑力和资源聚焦于成功而不是聚焦于失败**。无论你具有怎样的人格或职业目标，都始终应该将目光集中在目标上，用三种加速剂创造 X 点，这样大脑便会获得成功所需的精力、驱动力、智力及认知资源。

积极策略汇总

BEFORE HAPPINESS

- 找到 X 点。X 点能让大脑相信你有可能获得成功，所有的付出都是值得的，而且成功并不遥远。
- 给予自己领先优势。设计目标的时候，把一些已经取得的进步也包含进去。
- 保持客观。如果工作中的任务让你感到无法招架，那么你可以试着从客观的、目标单元的角度来思考，而不要去想需要付出多少努力。
- 利用“胜利时刻”。当你或你的团队面临一个令人望而生畏的项目时，你应该创造出胜利时刻。
- 盯着海滩，不要盯着礁石。在大脑中练习并想象达成目标所要采取的各个步骤。

- 制订有 70% 把握的目标。你应该真心实意地相信自己所设定的目标实现的可能性至少为 70%。如果从一开始你就怀疑自己能否成功，那么你实现目标的可能性就会大幅降低。如果你认为自己实现目标的可能性低于 70%，那么你可以调整目标，让成功的可能性超过 70%。

- 让目标真实可见。你可以制作一张现实的、有意义的幻灯片，幻灯片上有能够代表目标的图片或文字；你也可以设立一面具有相同作用的墙，墙上贴着这类图片或文字。我发现最实用的方法是把一些相应的照片存成电脑桌面或屏保。记住，这些目标必须实事求是、有意义，并且在不远的将来有可能实现。

步骤 **4**：

消除噪声

消除消极现实，加强积极信号

BEFORE HAPPINESS

BEFORE HAPPINESS

当我在哈佛大学做新生辅导员时，校园中曾发生过一次大型抗议活动。校园里很快出现了大型的抗议活动，一些国家新闻电视台来到了哈佛大学拍摄这种动荡的场面。一组工作人员一走进校园就开始寻找喧闹声，直到他们发现新生食堂周围一片混乱。学生们围着这幢建筑，举着标语牌，一起大声喊着口号。于是摄像机开始拍摄，新闻播报员也开始描述学生们抗议的场面。

在新闻直播进行到一半的时候，一名装扮成毛绒大象的学生走到播报员的身后，尖声叫喊了一些听不清的话，然后慢悠悠地走开了。新闻播报员再次指出这是学生们正为抗议活动发声。新闻播报员结束了报道，5 分钟后这段新闻播报被上传到网络上，但 10 分钟后便被删除了。

事实证明，这个新闻团队犯了一个相当令人尴尬的错误。他们拍摄的其实不是抗议活动，而是一年一度的住房日仪式（Housing Day Ritual）。在仪式上，高年级的房间会被随机分配给新生（想一想《哈利·波特》里的“分院帽”，不过哈佛大学的仪式比那更喧闹）。新生们会穿戴成吉祥物，尖叫着的高年级学生们则身着盛装。到开始供应早餐时，学生们便会知道自己将住在奢侈的河边豪宅里，还是将住在条件差很多的四人间里。那天早晨，仪式完全发展成了一片混乱。所以，当新闻团队循声而来时，住房日仪式的喧闹声吸引了他们，致使他们没拍到校园另一侧的反战抗议活动。

这个故事给我们的启示是：噪声会严重扭曲现实。拉斯维加斯的赌场很清楚这一点，所以他们会利用声音和灯光来占据我们的大脑，从而不让我们将注意力集中在自己正在输钱的现实上。然而噪声的危害不只是干扰我们，它还会阻挡积极信号。

噪声会将你引向消极现实，让你相信自己的潜能很有限，而积极信号不仅有助于你创建更有价值的现实，还有助于你规划通往成功的路线，从而帮助你加速实现目标。在当今世界，由于我们接触到的是海量的信息，因此，从噪声中听出信号并不容易。但是，积极心理学及神经科学的研究显示，**有意识地将大脑接收到的信息**[①]**减少 5%，便能显著增加发现积极信号的机会**。

不过很重要的一点是，我们要明白噪声不只来自外部世界，你的大脑本身就是一个巨大的噪声制造者。哈佛大学的心理学家威廉·詹姆斯（William James）曾说："我们的感知一部分来自感官对眼前物体的感觉，另一部分来自我们自己的大脑。"换句话说，我们的大部分现实不是由外部的事实构成的，而是由我们自己内在的声音构成的。当那些声音被焦虑、消极性和恐惧混合的声浪所淹没时，我们的投入程度和成功就都会显著降低。因此，如果我们想创造出最有价值的现实，并且在个人生活和职业生活中变得更有效率，我们就必须设法阻挡来自外部和内部的噪声。

在"步骤 4"中，你将学会一些消除噪声、加强信号的简单策略，由此帮助你做出更好的决定，想出更有创意的解决方法，改善健康，并获得更大的成就。

- 策略 1：辨认信号。
- 策略 2：抵制噪声的诱惑，提升信号强度。

---

① 此处的信息指的是符合噪声标准的信息。——编者注

- 策略 3：消除内部噪声。

策略 1：辨认信号

在这条策略中，我会探讨如何根据 4 个标准来分辨噪声，以及如何训练大脑从噪声中挑选出信号。

让我们先来简要重述一下信号和噪声的定义。信号是真实可靠的信息，信号能让你注意到机会、可能性和资源，从而帮助你发挥最大潜力。除了信号之外的信息都是噪声，任何消极的、错误的、不必要的或使你无法感知到成功可能性的信息都是噪声。

噪声会扭曲积极现实，分散你的注意力，使你不能运用多种智能去实现理想的目标。它可能是高中时的一段记忆，你记得辅导老师对你说女孩子不适合学工程学；它也可能是老板的严厉训斥，因为你晚交了一天报告；它还可能是你在亚马逊上看到的一条恶评（我听说只有两种类型的作者：会受到恶评的影响并会表现出来的作者，以及会受到恶评的强烈影响但不会表现出来的作者）。而信号可能是你在工程学考试中取得了 A+ 的成绩，可能是最近写的 5 份报告都受到了老板的赏识，或者可能是你的书在亚马逊上获得了几百条好评。不过，虽然有些信号看起来是消极的，但它们其实包含着重要的内容。真诚、有建设性的批评可能一开始会让人觉得不好受，但它们能激发积极的改变，从而带来巨大的个人成长，关键在于从中找到值得我们去关注的信息。

你的大脑正在接受各种各样的信息，大多数信息是毫无意义的噪声，比如像你的同事穿了一件非常时髦但不够严肃的短袖衬衫这样的信息。大脑越关注这类毫无意义或消极的噪声，它便越难听到信号。但问题是，在这个存在过度刺激且信息饱和的嘈杂世界中，将噪声和信号分辨开即使是有可能做到的，也会非常困难。如果我们能将整体噪声降低5%，那么便能显著提高获得信号的机会。很值得为此付出一些努力，因为事实证明，区分噪声和信号的能力不仅会让你更快乐、更健康，还能让你赚大钱。

在噪声中找到积极信号

《纽约时报》畅销书《史上最伟大的交易》(*The Greatest Trade Ever*)的作者格里高利·祖克曼（Gregory Zuckerman）在书中描述了约翰·保尔森（John Paulson）的故事，保尔森是世界最大的一家对冲基金公司的所有人，他在2006年看到了次级房贷市场行将崩溃的信号，因此便做空了市场，从而为公司赚了150亿～190亿美元，同时为自己赚了40亿美元。190亿美元！这比奥普拉、老虎·伍兹和J. K. 罗琳的资产净值的总和还要多。

面对办公桌上成堆的股价信息和预测信息，看着电视上24小时播放的新闻和各种预言，听着头脑中不断回响的各种经验智慧，保尔森是通过什么方式听到了大多数有经验、有才华的经济学家、交易员、律师、国会议员、金融专家和媒体人所忽略的微弱信号？他不仅接收到了市场存在大问题的信号，而且愿意相信这个信号，而很多美国人根本不想听到这样的信息。

在保尔森大发横财并上了报纸的头版头条后，大多数美国人才开始知道他。而另一位经济学家欧文·费雪（Irving Fisher）则是一个活生生的商业传奇，他是他那个时代的沃伦·巴菲特、比尔·盖茨和史蒂夫·乔布斯。不仅他的学术背景无懈可击，他的智商也高得出奇。世界著名的经济学家、诺贝尔奖获得者米尔顿·弗里德曼（Milton Friedman）称费雪是“美国有史以来最伟大的经济学家”。

学经济学的学生可能听说过费雪，但如今很多人并不知道他，这是有原因的，他错过了信号，并因此造成了灾难性的损失。1929年10月21日，这位“美国有史以来最伟大的经济学家”宣称：“股价似乎已经进入永远不会下跌的高原地带。”

3 天后，灾难发生了，美国 40% 的财富蒸发一空，这搞得美国、政府措手不及。那一天是 1929 年 10 月 24 日，它被称为“黑色星期四”，是美国历史上最糟糕的一次股市崩盘。

这样一位杰出的经济学家怎么会完全忽视了相关信号？因为与保尔森不同，费雪秉持的是非理性的乐观主义，他相信股价会一直保持在高位。他把比较理性的经济学家的警告看成是噪声，对其置之不理，这致使他完全错过了预示股市崩盘的信号。

12 年后，欧洲爆发了第二次世界大战，美国情报部门开始接收到有关日本有可能先发制人并攻击美国的信息。美国军方的大多数掌权者很快做出了决定，他们认为不用担心这些小道消息，它们只不过是一些噪声。时任美国海军部部长的弗兰克·诺克斯（Frank Knox）更是夸下海口：“无论发生什么事情，美国海军都绝不会疏忽大意。”诺克斯是在 1941 年 12 月 4 日说出这番话的。

3 天后，日本人偷袭了珍珠港，他们发现美国人毫无防备，于是他们摧毁了美国 40% 的军舰。在很短的时间里，就像 1929 年的美国经济一样，美国海军遭遇了需要很多年才能修复的毁灭性打击。

为什么在历史上那些非常聪明的人屡屡犯下严重的错误？问题不在于他们不够聪明，而在于他们运用的智力类型不对。智商有助于他们设计航空母舰或开发复杂的金融模型；而社会智力能帮助他们在军队中培养团队精神，或者更好地与其他经济学家合作；但要想有效地区分信号和噪声，他们就需要使用积极智力。

你可能会想，等一等，难道信号不应该都是积极的吗？乍看起来，股市将狂跌，以及美国将遭到攻击的信息是不积极的，但是如果消极事件能够激发人们采取行动，从而带来更成功的结果，那么它们也属于积极信号。在以上的案例中，如果费雪警告华盛顿的当权者金融末日即将到来，或者如果诺克斯督促珍珠港的海军保持高度警惕，那么这些事件便不会带来如此惨重的损失。在我们的现实中，只有当我们意识到即使面对严重的灾祸，我们的行为也能创造出不同时，我们才能利用各种智力从噪声中分辨出信号。

记住，积极特质不是透过玫瑰色的眼镜来看世界。具有积极特质的人可以像悲观主义者一样认清问题，不同之处在于：悲观主义者在看到问题后会预测未来将发生更多问题；而具有积极特质的人不仅会看到问题，而且会非常努力、非常聪明地找到解决方案和途径。积极特质不是水晶球，即使是具有积极特质的人也不可能总预测到信号。但是，它有助于你的大脑吸收成功所需的信息、观点和资源，同时它有助于消除会阻碍成长的消极的、无关的或有缺陷的信息。

不要让大脑超载

人类的大脑很容易混淆噪声与信号，它很可能会自动地过滤掉重要的或有价值的信息。让我来问你一个简单的问题：甜蜜素对你有益还是有害？在谷歌上搜索答案，你会搜到至少 17 万条信息，其中绝大多数信息是非常矛盾的。再比如其他的主观问题：死刑公平吗？股市会上涨还是会下跌？这些问题的答案是无穷无尽的，你该如何决定相信哪个回答？

律师非常清楚噪声的力量。想要迷惑陪审团吗？那就用海量的信息把他们淹没，这样他们便不得不凭情感做出判断，而不是通过辩论进行逻辑思考。想要阻挠代理原告的律师吗？那就给他们多得不计其数的文件，然后看着他们费力地翻阅这些文件。更新数据公司（Renew Data Corp.）是一家司法服务类公司，它负责帮助其他公司，包括法律事务所对数据进行管理和分类。更新数据公司前 CEO 鲍勃·戈梅斯（Bob Gomes）曾说："我们的一位客户手里有 42 000 盒备份带，其中装着 2 500TB 的数据。"美国国会图书馆的数据才仅为 10TB，你可以想象这位客户的数据是多么惊人！哪怕在其中很小一部分数据中寻找信号，对人类的大脑来说，信息量也多到了无法招架的程度。

在职场中，我们会接触到连续不断、无穷无尽的信息，因此噪声显得尤其具有危险性。如果你把注意力集中在噪声上，那么你的现实就会由错误的信息，也就是由会消耗你的动力、降低你的专注力的信息构成。然而更糟糕的是，由于大脑处理信息的能力是有限的，因此当我们关注消极信息的时候，便会直接减少我们对有价值的信息的关注，而只有有价值的信息才能帮助我们发现环境中的机会和解决问题的方法。简而言之，在听到信号与听到噪声之间，存在着取舍关系。所以，要想成功，我们便需要学会如何提高信号噪声比。

不过，重要的事情应该先做。在开始提高信号噪声比之前，我们应该锻炼自己处理每天铺天盖地而来的海量信息的能力，学会区分信号和噪声。

心理原理

大脑始终在过滤信息，因为它不得不这样做，人类的大脑没有能力吸收每天扑面而来的所有信息。正如我们在前面了解到的，那样研究者发现，我们的感官每秒钟能接收 1 100 万比特的信息，但是大脑能有效加工的信息只有 40 比特。这意味着其余的信息要么被无意识地加工了，要么被作为“垃圾邮件”删除掉了。因此，大脑必须主动决定扔掉什么，以及倾听并吸收什么。

我们既可以选择吸收消极的、有缺陷的或无关的信息，也可以选择吸收对自己实现目标有帮助的信息。不过，由于我们能够吸收的信息是有限的，因此必然要有所取舍。我们吸收的消极信息越多，能听到的积极信息就会越少，反之亦然。

辨认噪声的 4 条标准

学习区分信号和噪声并非易事。在《伦敦皇家学会会报》（*Proceedings of*

the Royal Society of London）上发表的一篇名为《迷信行为及类迷信行为的进化》（*The Evolution of Superstitious and Superstition-like Behaviour*）的文章中，生物学家凯文·福斯特（Kevin R. Foster）和汉娜·库克（Hanna Kokko）解释了为什么人类天生会觉得区分信号和噪声很困难。人类的史前祖先如果漏掉一个信号，比如老虎将要发动攻击的信号，那么他们就会为此付出高昂的代价，我们原始的大脑因此不敢过滤掉或忽视任何信息。数万年后，如果我们想过滤掉错误的或具有误导性的信息（噪声），留下真正重要的信息（信号），那么便不得不对抗人类的原始本性。虽然这样做并不符合我们的本性，但我们是能够做到这一点的。

拜心理学和神经科学的发展所赐，我和应用积极研究所的同事已经找到了 4 条指导方针，以帮助你分辨无意义的信息或干扰信息——这些信息不仅会降低你的效率，导致错误，还会减慢你实现目标的速度。如果进入你的大脑的信息符合以下 4 条标准中的一条，那么可以肯定它就是噪声。

一、不可用的信息：信息不能激发你改变自己的行为。如果你的行为不会因为这条信息而发生改变，那么它就是无关信息。一旦你开始应用这条标准，你便会痛苦地意识到，每天甚至每个小时进入你大脑的绝大多数信息都属于这类信息。一个很好的例子就是，我们会为新闻上看到的事件感到心烦意乱，比如某处发生了地震。场景确实很悲惨，但那完全不是你能控制的。因此，除非你计划为灾区的人们做点儿什么，否则每天跟踪相关新闻对你来说只是接收噪声。与之相反，如果你打算伸出援手，为受难者祈祷或者发誓要过更有意义、更有目标的生活，那么这些信息就是有益的信号。当某条信息干扰了你或让你感到沮丧时，如果它不能激发你改变自己的行为，那么这条信息就是不可用的，就是噪声。

二、不合时宜的信息：你不会马上用到这些信息，当你要用它们时，信息已经发生了改变。如果你买入了股票，并打算长期持有，那么每天查看纳斯达克指数不仅是在制造噪声，而且是在浪费你宝贵的大脑资源和精力——你本可以把它们用来做更有成效的事情，从而创造真正的财富。如果某类信息到你使用时会变成无关信息，那么就请帮大脑一个忙，不要再查看它们了。

三、假设的信息：这类信息基于某人的猜测，而不是事实。经典的例子就是大多数的天气预报和股市预测。如果你能够把所有花在听预报上的时间都省出来，那么会怎样？事实证明，90% 的预测是错误的。研究显示，大多数“专家”预测其实并不比随机猜测更准确。例如，有关英国广播公司对剑桥市天气预报的研究显示，第二天天气预报的准确性仅为 53%（更不要提对 3 天或一周的预报了）。天气预报基本完全属于噪声。正如研究者埃格尔斯顿（J. D. Eggleston）所引用的魔鬼经济学（Freakonomics）博客上的话说的那样：“真不幸，每个电视新闻节目 13% 的时间被用来预报天气（如果不算广告，天气预报的时间就能占到 20%），但大多数时候它是毫无价值的。”几乎在所有的情况下，基于假设的预测都是噪声，它们把你可以用来做出更好决策的有用信息淹没了。

四、分散注意力的信息：它使你不能全神贯注于目标。想一想你为自己设定的目标：得到提拔，取得更优异的成绩，为退休积攒足够的钱，做一个好妈妈，等等。现在看一看汹涌而来的信息，它们与你的目标相关吗？如果你的目标是完成工作，以便有更多的时间和家人相处，那么除非你的工作是体育节目广播员或赌注登记经纪人，否则花整个下午浏览体育网站就是在接收噪声。

这 4 条经验法则不仅能帮助你发现噪声，而且能帮助你节省时间。以前我每天会花掉两个小时来上网、阅读政治类文章、查看新闻和观看分析性的电视节目。在运用了这些标准后，尤其是运用了“信息是否会改变我的行为”的标准后，我意识到它们大部分是应该被消除掉（只要不是太闭塞就可以了）的噪声，这样一来，我就可以更专注于我的研究、事业、家庭和慈善活动了。在这些领域中，我的行为确实能产生影响。

肖恩
独家观点

检查生活中的噪声。查看接收到的信息是否符合噪声的 4 条标准：不可用、不合时宜、假设的、会分散注意力。如果符合，就设法消除它们。

现在你已经知道了区分信号与噪声的一些标准，在接下来的内容中，你将学会如何通过消除 5% 的噪声来提高信号噪声比。

策略 2：抵制噪声的诱惑，提升信号强度

在这个部分，你将学会一些实用的日常做法，它们能帮助你降低整体的噪声水平，并将信号强度提升 25%。

在做演讲的时候，经常会有人问我：为什么媒体总是那么消极、那么耸人听闻或者带有偏见？总而言之，为什么媒体总是那么吵闹。作为一名心理学研究者，噪声在媒体中或者说在社会中如此普遍并不让我感到吃惊，因为我们古老的大脑就是为消极而生的。这不仅仅是理论，人类的大脑会对环境中的威胁做出更快的反应，这是与生俱来的。你应该还记得我们在前面提到，为了保持高水平的绩效，团队的积极体验与消极体验需要以一定的比例共存。为了了解其中的原因，让我们追溯到几百万年以前。

减少周围的噪声

现在让我们暂时假定你是一只史前的兔子。你正心满意足地吃着嫩草，突然听到灌木丛里传出沙沙的声音。是掠食者吗？如果你认为那里潜藏着掠食者，便会赶紧逃命，从而跑到安全的地方去。

如果你不跑，而那真的是掠食者，那么你就完蛋了。如果你跑了，而那不是掠食者，那么你就只是没有吃完午餐。耽误享用午餐和丢掉性命是不能相提并论的。虽然你可能很饿，但至少活下来了，从而可以把你的基因传递给后世的兔子兔孙。

大多数人会说这只兔子虽然太小心翼翼，但有一点儿掠食者的迹象就赶紧逃跑的做法并没有什么错。不过，如果你不是兔子而是狮子，那么会怎样？如果你知道自己处于食物链的顶端，无须躲避掠食者，因为不管来的是什么，你都能搞定，那么又会怎样？在职业生涯中，大多数人处在“食物链”的顶端，但我们经常意识不到这一点。我所说的“食物链的顶端”并不一定指的是公司的层级。无论你是 CEO 还是中层经理，哪怕是最底层的员工，都可以像狮子那样工作。我所说的“食物链的顶端”意味着你是一位聪明、能干、有价值的专业人士。如果你用心读了本书前面的内容，你还会拥有越来越多的积极特质。那么，为什么我们经常会相信自己是兔子呢？为什么我们认为自己不能做成某笔生意、不能获得想要的晋升或者不能和老板进行积极的互动，并由此认为自己不配获得成功呢？

因为当我们还是穴居人的时候，我们并不处于食物链的顶端，所以我们不得不像兔子那样学会逃避任何危险的迹象。经过成千上万年的进化，人类原始的大脑就对环境中的威胁变得高度敏感起来。这就是噪声显得比信号更响亮、消极事件比积极事件对我们的影响更大的原因。

虽然对威胁的敏感帮助我们的祖先活了下来，但在如今的现代社会里，它却让我们在很多方面都付出了代价。在看新闻时，相对于客观真实的新闻报道，我们更容易被耸人听闻的报道所吸引并牢牢记住它们。在看电视时，我们更容易接受声音最响、最能说会道的专家的建议，而不是看起来更可信的专家的建议。换句话说，**对我们的大脑来说，噪声的音量是信号的音量的 5 倍**。

以极具娱乐性的金融专家、预言家兼《疯狂的金钱》（*Mad Money*）节目的主持人吉姆·格拉默（Jim Cramer）为例。他对案例的讲解不仅非常有震撼力，而且十分吸引人。我经常觉得如果不听从他的建议，那简直就是犯傻。然而在2008年，在美国投资资讯及分析网站Seeking Alpha的一篇文章中，分析师迈克尔·庄（Michael Zhaung）对格拉默前一年的专家建议进行了评估。他发现格拉默预测的准确率仅为35.6%，也就是说，这比抛硬币猜中的概率还低近15%。

我们并不是想要抨击格拉默，他显然具有很多传统意义上的智慧（他毕业于哈佛大学，而且成绩优异），而且我们只评估了他某一年的预测。不过，听取他的建议显然符合4条噪声标准中的第三条，即基于某人的猜测，而不是事实。如果我们不根据他的预测来采取行动，那么听听也无妨（如果你只是听建议，但不采用，那么便符合噪声的第一条标准）。然而，假设我们非常留心他一年中提出的每一条投资建议，那么如果1月份时你有10万美元并全部用于投资，到12月时，你就会损失2/3，也就是近67 000美元。

如果你在读完这两段后认为我是在批评格拉默，那真是令人难过。我喜欢他，并且觉得他既聪明又有趣。我写这些的目的不是要抨击他过去的记录，而是要证明，声音大的信息会显得更有价值。

噪声不仅会导致你做出糟糕的决定，而且研究显示它们还会降低企业的利润。2000年，斯坦福大学和哥伦比亚大学的心理学家希娜·艾扬格（Sheena Iyengar）和马克·莱珀（Mark Lepper）实施了一项富有创意的研究。他们研究了噪声对消费者进行购买的决定会产生怎样的影响。

研究者在一家高档食品店里开设了一个专柜并假装成员工，他们会为顾客提供免费试吃。在前半天的时间里，他们展示了6种不同的果酱，从而让人们进行品尝。在剩下的半天里，他们展示的果酱为24种。24种不同果酱的丰富展示令60%的人驻足品评，而当果酱只有6种时，仅有40%的人会停下来品尝。

因此，如果你是果酱生产商，并且公司的目标就是让人们免费品尝你的产品，那么选择越多，也就是噪声越多，效果就会越好。

但是，没有一家公司的目标是免费试用（即使有，这样的公司也长久不了），企业的目标显然是卖出更多的产品。这正是研究结果有趣的地方：31% 品尝过 6 种果酱的人购买了一瓶果酱，而仅有 3% 的品尝过 24 种果酱的人做出了购买行为。

这是为什么呢？那些额外的选择让顾客不知所措，从而淹没了引导他们做出购买决定的信号。品尝果酱的研究只是众多例子中的一个。生意的成功需要依靠我们接下来将要学习的技能：如何减少外界环境中的噪声。

过去 5 年里，我在 50 多个国家做过 500 多场演讲，所以我在飞机上的时间很多。当刚开始要因为工作而到处旅行的时候，我以为在飞机上可以写很多东西。不过我很快发现，在飞机上我几乎都不能专心地玩数独游戏，因为飞机上的广播、哭闹的婴儿、大声讲话的乘客，甚至飞机发动机的声音都会让我分心。于是我买了一幅博士牌（Bose）的消除噪声耳机，我突然发现专心写东西变得容易多了。

如果有一种类似的消除噪声的技术能帮助我们改善专注力和工作效率，那么会怎样？众多领域的研究显示，可能确实存在这样的技术。

从科学角度来说，有两种消除噪声的方法：被动的方法和主动的方法。塞上耳塞是被动消除噪声的一个例子（虽然是你主动把它们塞进你的耳朵），因为这样做的目的只是阻止噪声。

与之相反，我所使用的消除噪声的耳机则是主动方法的一个例子，因为它们能主动地发出相反的声波（正如你在高中物理课上学到的那样，声波是一种能量），从而消除环境噪声（图 4-1）。

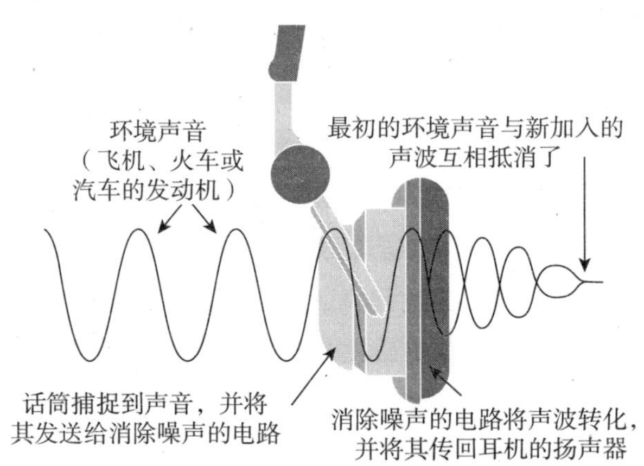

图4-1 消除噪声耳机的工作原理

我们总是在被动地堵塞声音。我敢肯定你曾经看电视看得太入迷，甚至都没有注意到妻子在另一个房间里大声叫你。不是因为电视声音太大（你可能以此为借口）你才听不到她叫你的，而是因为当你的注意力过度集中在某事上时，无论是电视、书籍还是手机，你对外部世界都会变得充耳不闻。虽然我们可以把眼睛闭起来、把耳朵堵起来，由此被动地消除噪声，但你也会因此而漏掉信号。与之相反，我们应该减少接收的噪声总量。仅仅减少 5% 的噪声，我们便能大大提高听到信号的可能性。

5% 并没有什么神奇之处，它只是一个小小的、不会让大脑感到难以招架的进步。如果噪声减少量可以超过 5%，那很棒，但《发现你的积极优势》的读者都知道，真正持久的改变都是不断递增的。积极成长建立在积极成长的基础上，因此，哪怕很小的改变积累起来，也会使你拥有越来越多的积极智力。

削减噪声输入量的 5%

现代社会中存在着大量的噪声，没人会对此感到吃惊，但到底有多少噪声可能会让你大吃一惊。圣地亚哥大学的研究者罗杰·博恩（Roger Bohn）和詹姆斯·肖特（James Short）对美国人在家庭生活中所使用的信息量进行了广泛的统计。结果显示，从 1980 年到 2008 年，在消费信息上人均花费的时间增加了 60%，从每天 7.4 个小时增加到了 11.8 个小时。每天竟然增加了 4 个多小时，记住，这还不包括工作上的时间！

更惊人的事实是，美国劳工统计局的数据显示，2008 年美国有一半人口在工作（小孩、家庭主妇或主夫、失业者及退休人员构成了另一半），他们平均每周工作 40 个小时。因此，如果在职的人每天消费信息的时间也平均增加了 4 个小时的话，去掉每天睡 7 个小时，那么所有美国人在清醒的时间里就将大约 75% 的时间用在了消费信息上。

在另一项研究中，研究者伊锡尔·普尔（Ithiel de Sola Pool）估计，如果把电视、印刷媒体、书籍和手写信件都包括进去，那么美国人在 1990 年使用了大约 4 500 兆个词汇（我不得不在维基百科上查看什么是“手写信件”，它听起来是那么稀有而珍贵）。2008 年，博恩和肖特对词汇使用量进行了计算，发现它们已经增加到了 10 845 兆，相当于每天多出了 10 万多个词汇（颇具讽刺意味的是，我数了数他们的报告所使用的词汇数量，发现它总共使用了 20 000 个词汇）。

在如今充斥着谷歌、智能手机和全时空媒体的世界中，我们对信息已经成瘾了。正如每个瘾君子所知道的那样，恢复的第一步是意识到自己有问题。第二步是让自己脱离具有诱惑性的环境，就像酗酒者应该远离酒吧且不在家里存放酒精饮料一样，噪声瘾君子也应该避开有噪声的环境。

让我们假设你正在参加社区的派对，一个朋友走过来，他开始喋喋不休地跟你说起附近发生的一起交通事故，接下来讲起他在新闻上看到的谋杀案，后来还谈到了一项新研究，说的是酒精会如何杀死脑细胞，从而让人变傻。你要怎么做？首先放下手中的酒杯，然后与房间另一侧可能并不存在的人招手，请这位朋友原谅，然后离开。在以后的派对上，你应该毫不犹豫地避开这位朋友。

为什么在其他情况下我们难以避免类似的消极信息？为什么我们会花几个小时观看有关亚洲近期地震的新闻报道？为什么我们总会关注工作季报中消极的数字？为什么我们会纵容配偶下班回来后不停地抱怨堵车、超市排长队或他们令人恼火的老板？除非我们想立即采取行动改善这些状况，否则老是想着它们只会制造噪声，因此，我们应该避开这些消极信息。从下一周开始，你可以像对待派对上的那位朋友一样对待消极噪声的制造者。那并不意味着你应该完全不看、不听新闻，或者对晨报或自己的伴侣熟视无睹，而是意味着你应该强迫自己避开符合那 4 条噪声标准的谈话或媒体。**噪声的 4 条标准是不可用、不合时宜、假设的、会分散注意力的。**

就像酗酒者的大脑在同样性质的情境中会反抗一样，你的大脑肯定也会进行反抗。如果我漏掉了重要的信息该怎么办？当我谈到减少噪声时，这是人们最常提出的问题。这一点儿都不奇怪，因为我们进化出了核查每一种噪声的本能。

从直觉上看，担心有所遗漏的心理是可以理解的。如果因为忽视金融专家的建议，你错过了赚几千美元的投资机会，那么该怎么办？或者因为没有看到天气频道的雷阵雨警告，你开了 3 个小时的车来到海边，却只能在车里坐一下午，那么又该怎么办？

正如吉姆·柯林斯（Jim Collins）在《从优秀到卓越》（*Good to Great*）中所问："为什么有些公司能进步神速……而其他公司则不能。"每个事件总会有人能够预测到。在股市上，总会有人是正确的，从来没有一次股市崩盘是逆向投资者没有预料到的。就像一块走不准的手表每天也有两次准的时候一样，每个噪声制造者偶尔也会说对。我们常常会记住噪声制造者说对的时候，但是如果我们想保留脑力，从准确率类似坏手表的信息中挑选出有价值、可靠且积极的信息，我们便需要削减整体的信息消费量。

让我们试着做一做我曾在 Facebook、谷歌、瑞士联合银行和房地美等公司做过的实验：在两周时间里，尽量将信息摄入量减少 5%。这并不意味着削减任意 5% 的原有信息，而是要削减符合噪声标准的信息。

这个实验的关键在于减少信息总量，这样一来，你就可以为选择和加工重要信息节省出更多的精力和资源。我曾在自己的生活中努力去做到这些。在《发现你的积极优势》中我写过如何把电视遥控器的电池取出来放在卧室里，这样一来，我要用 20 多秒的时间才能拿到电池。最近我决定尝试一种新方法，我取消了有线电视，这样一来，我就不能漫无目的地浏览各个频道了。另外，我把电脑和电视连在了一起，现在如果我想看什么电视节目，便不得不上点播电视的网站去搜索。虽然我偶尔仍会漫不经心地在视频网站上看一看《欢乐合唱团》(*Glee*)的片段，但我正在一点点地减少我的信息总量。

下面是其他将噪声减少 5% 的实用小窍门，我从积极心理学先锋及世界各个公司的领导者那里学到了这些小窍门。这些小窍门都很简单，但不会迅速起效。我试着使用过这些小窍门，它们确实有用。

- 开车时，最开始的 5 分钟不要打开收音机。
- 和车上的人交谈时，把收音机关上。
- 当电视或网络上播放广告的时候，把它们静音（如果你是广告业人士，不要被这个小窍门吓坏了。当我实施这个小窍门时，如果看到有趣或有用的广告，我就会把声音调回来）。
- 把你书签工具栏中的新闻媒体删除（令人奇怪的是，输入“CNN”这 3 个字母似乎比点击书签费劲儿得多）。

- 限制看预测性新闻（“专家”试图预测政坛或市场中可能发生的事情）的数量。
- 如果你的行为不能或不会对此产生影响，那么就不要看关于悲剧性事件的文章。
- 在工作时，听没有歌词的音乐。

通过阻拦环境噪声，这7个小窍门能大大提高你接收到信号的可能性。不过正如我在前文中提到的那样，这不仅仅关系到外界噪声，还关系到我们自己的大脑制造的噪声。如果我们想真正戒除对噪声的瘾，不仅需要学会如何消除外部环境中的噪声，也需要消除我们大脑中关于担忧、自我怀疑、恐惧和悲观主义的声音。在接下来的内容中，你将学会如何利用心理上的博士牌耳机来主动消除内在的消极噪声。

肖恩
独家观点

做一做5%的实验。在两周时间里，试着将输入的信息量减少5%。你不应该只是削减任意5%的原有信息，而应该削减符合4条标准之一的噪声。这个实验的关键在于减少大脑需要处理的信息总量，这样一来，你就能释放出更多的精力和资源，从而接收并处理其他重要的信息。记住我们在上面讲过的一些小窍门。

策略3：消除内部噪声

在“策略3”中，你将学会如何通过两个简单的习惯来消除让人焦虑的消极的噪声，从而加强信号。记住，主动消除噪声不仅包括阻挡噪声，还包括发出更强大、更积极的能量波来抵消噪声。正如我在前文提到的那样，博士牌消除噪声耳机之所以管用，是因为它的话筒能够捕捉环境噪声，然后发出相反的音波。我们的大脑也可以做相同的事情，我们可以主动创造积极的思维模式来抵消消极能量。

这种方法不仅可以用来消除外部世界的噪声，也可以用来消除我们大脑自己制造的噪声。消极的想法，无论是关系到恐惧、焦虑、自我怀疑、悲观主义还是担忧，都是最危险的噪声类型，因为它不仅会损害我们听到积极信号的能力，而且会破坏我们创造积极改变的各种努力。

最常见、最普遍的内部噪声之一是悲观主义。它是大脑设置的一种防御机制，大脑试图通过它将你在生活中遇到消极事件的影响降到最低。2008 年，在和中国一位银行高层领导的交谈中，我听到了这种防御机制的典型范例。他告诉我，他采用了一个简单的方法来应对动荡不安的市场的不确定性：“我每天都预期市场会变得糟糕、公司的股价会下跌。这样一来，当我下班的时候，要么我向团队证明了自己是多么聪明，要么带着惊喜回家。”他让自己相信，只要总是预期会有糟糕的事情发生，他便总能对坏事有所准备，并且从好事上获得惊喜。但请注意，这种方法存在两个问题。

悲观情绪的第一个问题是降低了产生好结果的可能性。在《发现你的积极优势》一书中，我描述了有关成功的信念如何能预示出未来的成功的研究。为了了解悲观主义的害处，现在想象你像那位银行领导一样，认为每天无论你做什么，都会有糟糕的事情发生，最后你便不会花精力或认知资源去试图取得更好的结果了。你会整天躲在掩体下面，而不是发起进攻。

悲观主义的第二个问题很少被提及，因此请耐心听我讲一讲。像很多未来要上哈佛大学的人一样，我把高中时的大部分时间用在了和辩论队到处巡游上，我的暑假的大部分时间是在辩论夏令营度过的。这种特别令人讨厌的消遣方式具有两个积极结果：一是，我可以把大量的时间用在学习上，因为我没有约会的烦恼；二是，我在辩论中得到了印有字母的夹克衫。

由于赢得了两次州辩论冠军，我获得了字母夹克衫。我采用的是一定会成功的辩论策略：无论其他队的论点是什么，我都能至少提出一条反论，从而证明他们的计划或政策最终将导致核战争。你想改变环境政策吗？这会导致贸易战，最终使得环太平洋地区的紧张关系升级，引发核战争。你想提供全面的医疗保险吗？这会引起市场恐慌，削弱美元，导致全球经济危机，这不可避免地会造成冲突，然后……核战争。无论怎么样我都能找到一些解释，说明这种政策最终会如何引发核战争。谁能与这种论点竞争？即使他们赢得了所有的辩论，让评委相信他们的规划具有无数优点，但如果它最终将导致核战争，那么它也是没有价值的。

这种方法听起来很荒唐可笑，我之所以提及它，是因为它正是悲观主义者所采用的推理思路。它证明了我想要表述的要点：想法越消极、越悲观，便越能胜过并压制积极的观点。换句话说，通过夸大消极结果，我故意贬低了所有积极结果产生的可能性。

在这个部分中，你将学会如何通过发出 3 种积极的能量波来消除导致消极现实的思维模式：

- 能量波 1：我对事件的担忧应该与它发生的可能性成正比。
- 能量波 2：我不会因为可能发生棘手的事情就整日忧心忡忡。
- 能量波 3：我不认为担忧跟爱或负责任是一回事。

就像博士牌耳机一样，这些能量波将会消除悲观、恐惧、焦虑和担忧等内部噪声。

什么时候的担忧才有必要

在全美橄榄球联赛中，教练常常会使用被称作“冻结踢球手”（icing the kicker）的策略。就在对方球员试图射门得分前，教练会叫暂停。他们是这样想的：如果你在最后一秒喊暂停，就会打乱踢球手的节奏，从而让他踢不中。问题是这种假设是错误的。根据《华尔街日报》的报道，在全美橄榄球联赛中，踢球手在比赛或加时赛的最后两分钟里踢进球的可能性是 77.3%。如果喊暂停来冻结踢球手，那么无论距离有多远，射中的可能性都会提高到 79.7%。

为什么仍有一些教练会采用冻结踢球手的策略呢？因为在最后两秒钟里如果你本可以喊暂停但没有喊，结果对方球员射门得分了，那么就好像你根本没有试着做点儿什么一样。正如纽约巨人队弃踢手史蒂夫·韦瑟福德（Steve Weatherford）在《纽约时报》上所解释的那样：“教练们希望感觉自己正在努力做着什么，而那就是他们在射门得分上所能做的。”需要为损失负责的担心盖过了理性，不作为比最后努力一把给人的感觉更糟糕。换句话说，冻结踢球手策略是“担心犯错却导致我们犯更大的错”在现实生活中的一个绝佳例证。担心自己的决定是错误的，这会造成决策永久性地扭曲。

所有成功人士共通的一点是，他们都会冒险进行尝试。每一位成功的管理者都曾冒险尝试过新的商业模式、新的合伙人或不确定的战略手法；每一位成功的经理都曾冒险雇用过前途未卜的新员工，实施过未经证实的新倡议或不符合传统的新程序；每一位成功的企业家都曾冒险尝试过产品创新，涉足过未知的市场或进行过毫无计划的周旋。不过，在你抓住任何会带来成功的机会之前，你先要学会安抚自己对失败的恐惧。

无论是踢球射门，还是在地下室里创业，或者是接纳一位有风险的客户，如果我们想要有勇气去冒险，从而抓住可能带来成功的机会，便需要明确，我们的担忧、焦虑或恐惧跟我们害怕的事情发生的可能性是成正比的。这并不像听起来的那么可怕，你只需要做一点儿研究。你担心失去工作吗？那么就查看一下你所在地区和行业的就业率。担心失去一个大客户吗？那么就查看一下该客户以前换过几次供应商。你担心自己患上某种可怕的疾病吗？那么就查看一下与你具有相似健康状况的同龄人中究竟有多少人患了这种病。这些数字很可能远远低于你最初的想法。

恐惧是非常天然的人类情感。我们会害怕很多事物，比如担心别人不喜欢我们，害怕老板总不提拔我们，在机场不愿触摸很多人摸过的水龙头，害怕被人问起过往的相亲经历，等等。我没法儿在这里把它们都列出来，因为我们绝大多数的日常决定都是基于恐惧的。因为充满恐惧的大脑会过分强调消极方面，令人无法获得成功真是令人遗憾。

在《尤利乌斯·恺撒》（*Julius Caesar*）中，莎士比亚写道："懦夫在死之前，已经体会过很多次死亡了，而勇者从不知道什么叫死，直到那天真的到来。"我更喜欢说唱歌手图派克（Tupac）的版本："懦夫会死几千次，而勇士只死一次。"我非常喜欢这句话，并且多次用它来帮助自己鼓起勇气，从而去做我不敢做的事情。

以下是我最喜欢的一个例子，它体现了我们最深层的恐惧会不理智到多么可笑的程度。几乎所有我认识的父母都会警告孩子要小心他们的万圣节糖果，因为里面可能有针头、毒药或刀片。如果你没有这样做过，那么就问一问周围的人，大多数人会告诉你相同的警告，你甚至还会在相关的新闻中看到这样的警告。然而，目前并没有发生过一例有人用万圣节糖果毒害孩子的事件。

在有些情况中，消极事件发生的可能性很高，那么担忧便是具有适应性的，也就是说，它能导致我们采取行动来阻止这样的事件发生。我们应该担忧到什么程度呢？这里有一个简单的公式：你担忧的程度应该与事件发生的可能性成正比。因此，如果你获得工作、搞定客户或成功做完展示的可能性为95%，那么你为它们担忧的时间就不应该超过 5%。这就是为什么第一种积极能量波是：我对事件的担忧应该与它发生的可能性成正比。

当我在哈佛大学柯克兰楼（Kirkland House）做辅导员时，我的学生经常来到我的办公室，声情并茂地对我说："我某门课和某门课会挂。"在哈佛大学做辅导员的 8 年里，这种话我听了不下几百遍，而学生们很少真的考不过。为了避免消极想法的自我实现，我总是会让他们回答两个简单的问题：

- 这种消极事件过去是否经常发生在你身上？
- 这种消极事件是否经常发生在与你情况类似的人身上？

第一个问题的答案是，这些学生过去通常没有一次考试不及格过。第二个问题的答案是，只有不到 1% 的哈佛学生会考试不及格，而且通常是因为存在特殊的情况。这种简单的做法能够提醒他们，考试不及格的可能性几乎为零。这样一来，这些学生的大脑便能产生积极能量，从而抵消他们内部产生的自我怀疑和担忧的声音。

你在工作中也可以采取相同的消除噪声的方法。一次，当我在讲消极思维会如何耽误获得成功的机会时，一位紧张兮兮的谷歌员工举手提问道："焦虑的人会怎样？我可以做些什么？我总觉得自己不能按时完成编程工作，总担心自己会被解雇，或者永远得不到提拔。"老实说，当时我对他的问题回答得并不充分。如今，经过了更多的研究之后，我希望当初自己会这样来回答："你应该主动去消除噪声。问一问你自己，以前你是否经常不能按时完成工作？你是否经常因为把工作搞砸了而被解雇？周围的同事是否经常因为不能完成过高的工作要求而被解雇？我猜这类事件应该基本上没有发生过。毕竟，如果你的工作履历上劣迹斑斑，你便不可能进入谷歌公司。如果你做个深呼吸并意识到大脑正在欺骗你，那么你就会释放出消除噪声的积极能量。"

下一次当你感到不知所措、焦虑万分时，拿出一张纸，把令你苦恼的决定或情境可能引发的结果写下来，好结果和坏结果都要写。然后猜测每种结果发生的可能性并把你的猜测写下来。例如，假设你想辞去工作去读MBA，但担心自己做出的决定是错误的。

- 结果1：我获得了MBA学位，再回到现在的公司后能拿到更高的薪水。

可能性：90%，因为雇主向我承诺过，他会继续雇用我并给我涨20%的工资。而且数据显示，90%的商学院毕业生在获得MBA学位后薪酬都有所提升，至少是小幅提升。

- 结果2：在我读书期间发生了经济危机，因此，毕业时我会找不到工作。

可能性：最多10%，因为我的老雇主会有兴趣继续聘用我，而且拥有MBA学位使我能更好地应对不景气的就业市场。

写完后，你可能会突然觉得压力和担忧都消失了。你的估计是否完全准确并不重要，重要的是为好结果和坏结果估计可能性的做法会促使大脑对它们进行客观的思考。战胜担忧说起来容易做起来难。情绪，尤其是消极情绪，会使噪声达到震耳欲聋的程度。所以，了解担忧的真正代价非常重要，只有如此你才能不再为它付出代价。

担忧潜藏的代价

相信担忧能够阻止坏事的发生是积极特质最大的敌人之一，然而这是一种非常普遍的错误观念。摩根士丹利美邦公司的一位高级经理对我说："担忧体现了负责任的精神。如果我不担心事情可能会出问题，你能想象我的团队或我的孩子会发生什么情况吗？"我一次又一次听到这样的言论，但是如果停下来想一想，你就会意识到这种推理是多么愚蠢。那位经理竟然认为自己担心得不够！

或许在工作中你也认识一些这样的人，他们认为担忧就是他们的工作。或者更糟的是你家里的某个成员将担忧等同于爱。这种对担忧的推崇会让人付出巨大的代价。我现在不是要探讨情感代价。如果这对我的团队、朋友或家人确实有帮助，我很乐意付出情感代价，我猜想你也会乐意。我要说的是担忧如何分散了你对真正有成效且有意义的事情的注意力，从而对你的团队、朋友和家人造成了伤害。

例如，你担心孩子在学校会受伤。在孩子整个受教育的过程中，这种情况可能只会发生三四次。如果在这 12～15 年里，你每天或者每周都担心孩子会受伤，那么你的内心就会极度痛苦，可以说你将付出几千倍的代价。现在想一想担忧会让孩子付出怎样的代价。孩子肯定会内化你的焦虑和情绪压力，而且这种担忧会分散你在其他很多重要的教养方面的注意力，比如检查孩子的家庭作业，了解他的交友情况，以及注意家人一起用餐的重要性。担忧不仅对你的孩子没有什么好处，还会起到反作用。这让我想到了主动消除噪声的第二种和第三种能量波：我不会因为可能发生棘手的事情就整日忧心忡忡；我不认为担忧和爱或负责任是一回事。

如果我们想做一些不仅对我们所爱的人，而且对我们的事业、团队和公司真正有益的事情，我们便需要放下曾牢牢盘踞在心头的恐惧、焦虑、悲观和担忧，因为它们会置我们于死地。哈佛大学及其他一些研究机构的研究者发现，病态的焦虑和恐惧会破坏染色体顶端的一种叫端粒的蛋白质。对端粒的破坏会导致衰老过程迅速加快。最新的研究显示，工作过度疲惫以及担忧也会加速衰老。

肖恩
独家观点

主动消除噪声。在你的书桌旁贴一个指示牌，上面列出 3 种积极能量波："我对事件的担忧应该与它发生的可能性成正比"、"我不会因为可能发生棘手的事情就整日忧心忡忡"和"我不认为担忧跟爱或负责任是一回事"。

因此，请试着花几分钟写出有关你的孩子、运动、价值观及信仰的 5 个积极方面。这听起来像一个很傻的练习，但芝加哥大学的研究者发现，当人们用几分钟时间写出自己的积极感受时，他们的担忧和悲观情绪都会显著减少。这样做不仅能减少他们的焦虑感，而且能使他们在记忆和评判能力测试上的成绩提高 10% ～ 15%。

当你发出这种积极能量时，你不仅会挡住消极噪声，而且会改善专注力以及运用多种智能的能力。在这样做的同时，你可能还需要开始你的锻炼计划。研究者对 40 项共包括 3 000 多名被试的临床研究进行了元分析，他们发现锻炼能够将焦虑和担忧的水平降低 20%。通过发出积极的能量，消除内部噪声，你便会重新注意到那些能带来意义、成功和长久幸福的信号，以及那些能带来更长寿、更健康的生活的信号。

在我们的社会中，消极信号无处不在。它们会淹没积极信号，让我们看不到机会和信息，妨碍我们充分利用认知、情感和社会资源，妨碍我们获得成功。为了发现成功的信号，我们首先需要学会分辨信号和噪声，然后使用主动或被动的策略来减少并消除来自外部世界以及我们自己的大脑中的噪声。我们将噪声每降低一个百分点，便能将信号的强度增加一些，并能减少我们的潜力所受的局限。在“步骤 4”中我们学习了分辨外部信息是否是噪声的 4 个标准，以及如何通过降低 5% 的噪声来加强信号的实用方法，我们还探讨了如何通过主动反击恐惧、焦虑和消极思维来阻断内部的噪声。将这些技巧与前文中学到的技巧（感知多种现实，围绕意义里程碑绘制目标路线图以及加速成功进程）结合起来的做法将有助于你在工作和生活中创建出更有价值的现实。

不过，要想拥有真正的积极特质，只是创建出最有价值的现实是不够的。后面，你将学会最后一个步骤，也就是将那种现实带给其他人，这样一来，你就可以利用集体智能的巨大力量来实现史无前例的辉煌成功了。

积极策略汇总

BEFORE HAPPINESS

- 检查生活中的噪声。查看接收到的信息是否符合噪声的 4 条标准：不可用、不合时宜、假设的、会分散注意力的。如果符合，就设法消除它们。

- 做一做 5% 的实验。在两周时间里，试着将符合 4 个标准之一的噪声量减少 5%，这样一来，你就能够解放出更多的精力和资源，从而接收并处理其他重要的信息。

- 主动消除噪声。在你的书桌旁贴一个指示牌，上面列出 3 种积极能量波，“我对事件的担忧与它发生的可能性会成正比”、“我不会因为可能发生棘手的事情就整日忧心忡忡”和“我不认为担忧跟爱或负责任是一回事”。

- 用事实核查你的担忧。问自己以下两个问题：这种消极事件过去是否经常发生在我身上？这种消极事件是否经常发生在与我情况类似的人身上？如果你客观地对这些问题做出了回答，便会发现其发生的概率比你担心的低很多。

- 做 5 分钟的书写练习。当你听到怀疑的声音时，你可以抽 5 分钟时间写出你的孩子、运动、价值观及信仰让你感到满怀热情和积极性的方面。

- 锻炼。如果你觉得主动减少来自内部的担忧的噪声很困难，那么就去健身房吧！锻炼能让大脑边缘系统中的焦虑中心安静下来，降低皮质醇的水平，从而使人变得更乐观。

步骤 5：

传播积极特质
让全员彼此激发

BEFORE
HAPPINESS

你也许已经掌握了积极特质的前 4 个步骤，现在还剩下最重要的一个步骤：如何将积极现实传递给你的团队、同事、家人及其他人。

在克里斯托弗·诺兰（Christopher Nolan）导演的电影《盗梦空间》（*Inception*）中，莱昂纳多·迪卡普里奥（Leonardo DiCaprio）饰演一个名叫柯布（Cobb）的人，他可以利用超前的军方技术在人们睡觉的时候挖掘他们的无意识，从而盗窃他们公司的秘密。一位名为齐藤（Saito）的神秘企业家找算雇用柯布做一件略有不同的事情：植入一个想法（“启动”），而不是偷窃想法。“启动”的目标人物是一家能源企业集团的继承人，柯布的新雇主希望这个人能拆分刚刚从父亲那里继承来的能源王国。于是柯布的团队进入这位继承人的梦境，植入了他父亲从来不想让儿子进入家族企业的想法。在梦中，他父亲的在天之灵苦苦恳求这位继承人走出家族企业，从而去创办自己的企业。

为了“启动”能成功，柯布植入的想法必须简单、富有情感且积极。因此，他没有植入“我必须拆分我父亲的王国”或“我恨我父亲”，而是植入了“我父亲希望我创建自己的企业”。正如柯布向他的团队解释的那样：“无意识是由情感而不是由理智激发的，对吗？我需要设法把这个想法转化为富有情感的观念……每次都是积极情绪胜过消极情绪。”对于柯布来说，积极现实比消极现实更容易传递给其他人，因为它们能创造持久的改变。

当我们从幻想世界中出来，进入神经科学和积极心理学的世界时，相关研究也证实了柯布的说法。在过去十几年里，研究者一直在研究怎样能将观念和心态传递给其他人。事实证明，将积极特质传递给其他人的最好的三个策略与柯布采用的策略并没有什么不同。这 3 条策略是：推广可复制的成功模式（提出一种容易复制的积极的行为改变）、构建办公区的积极文化（改变流行的社会脚本，使它变得积极）和创造共享的叙述（通过借助于情感来创造价值和意义）。

虽然我们不能强迫别人以积极的方式来看待世界，最终的决定权在他们手中，但我们能在他们的头脑中播撒积极现实的种子。积极启动的益处是翻倍的。我们不仅能使公司中、团队中、家庭中具有积极特质的人增多，并进而使大家获得益处，“步骤 5”介绍的积极心理学研究还证明，当帮助其他人提升他们的积极特质时，我们会更容易保持住自己的积极现实，并获得更大的成功。痛苦的人或许喜欢有人陪他痛苦，但如果没有同样积极的人，积极性便无法保持。

你可以放心，这种技术不需要依靠科幻作品中超前的心理控制方法。与之相反，关于如何在个人生活及职场中传播能带来成功的积极现实这个问题，神经学和积极心理学领域中已经有了大量发现。在《发现你的积极优势》这本书中，我曾写过涟漪效应，这个效应说明快乐是具有感染力的，“步骤 5”将更深入地探讨如何传播积极观念。积极启动不只是关于传播快乐，它还包括帮助别人看到有可能实现成功的现实。积极启动能更好地帮助他人充分利用他们的多种智能以及认知资源，从而缔造更快乐、更成功的团队。为此你要掌握 3 条关键策略：

- 策略 1：推广可复制能成功模式。
- 策略 2：构建办公区的积极文化。
- 策略 3：创造共享的叙述。

“步骤 5”的目标是帮助你将最有价值的现实传递给你的团队、同事、朋友和家人。在这样做的时候，你将创造出可再生的、更持续的积极能量源，它能激发、鼓舞并汇聚周围人的集体智慧。如果没有积极启动，那么我们自己的积极现实也会变得不太牢固。

个人的消极现实是一种妄想，
共享的消极现实是一种灾难；
个人的积极现实不会长久，
共享的积极现实会成为一种本质特征。

策略 1：推广可复制的成功模式

创造积极启动的第一步是找到你自己或其他人现实中的某个方面，复制这个方面将有助于他人驾驭他们的驱动力、积极性以及多种智能，从而使他们变得更成功，即“特许成功”（success franchise）。研究显示，为了具有感染力，特许成功必须建立在简单、易复制的观点基础上。我将描述一家医院如何通过被称为“10/5 法”[①] 的积极行为改变，从而使患者变得更加快乐，同时有效提升了医生对工作的满意度以及医院的声誉。这个案例展示了特许成功在真实世界中是如何实施的。你将读到一个简单的行为改变所传播出去的积极启动如何改善了患者的治疗结果，而且使医院的收入增加了 3 000 万美元。然后我会探讨如何在你自己的生活中发现并创造简单而有力的改变，以及如何利用积极启动将积极改变特许给其他人。

什么是特许成功

在《万物简史》（*A short History of Nearly Everything*）的前言中，比尔·布

① 多用于酒店等服务行业，指在距宾客 10 英尺（约 3 米）时而其微笑，在距宾客 5 英尺（1.5 米）时向其问好。——编者注

莱森（Bill Bryson）写道："欢迎。祝贺你……为什么祝贺？因为几万亿个游离的原子必须以某种恰当的平衡方式聚集在一起才能创造出你，使你能拿着书或电子书，更不用说阅读它了……为了孕育出你，你的每一个祖先前辈都必须足够健康、足够好看并能克服各种困难。"布莱森很幽默，但他也一语中的。你之所以能生存下来，并读到这本书，是因为连续不断的成功繁衍。

任何不是因为纯粹靠运气而取得的成功，靠的都是复制某种有效的做法、程序或心态。只有在极为罕见的情况下，成功才是独立发生的。最大、最辉煌的成就中往往包含着许多人的协同努力，他们复制了有效的行为或过程。特许成功是让别人复制能带来成功的积极认知模式或行为模式的技术。谈到特许成功，一个重大的好消息是，任何能被观察的成功同样也能被复制。

特许成功的历史像人类的历史一样悠久。取火的能力是人类最古老、最重要的成就之一，它便是特许成功的一个例子。洞穴人没有不断地去重新发现如何取火，一旦他们掌握了这个秘密，便能通过复制将取火的方法世代相传下来。

与之类似，16 世纪的威尼斯兵工厂利用强大的特许成功，用一天时间就能从无到有地建造出一艘轮船（当时没有任何现代机械）。早晨，他们手里只有一堆堆的资源和原材料，由于许多人遵照相同的成功模式进行了协同努力，因此，到傍晚的时候，一艘完整的、可以在大洋中航行的轮船已经矗立起来。

在现代的职场中，你也必须在复制过去很有效的模式的前提下，利用你自己以及团队的智力资源和情感资源来共同"建造轮船"。

无论是否意识得到，我们在职业生活中都拥有各种模式。关键在于，我们应该创造并复制那些能持续带来成功的模式或行为，而不是那些会导致中庸结果或消极结果的模式或行为。例如，如果一家很成功的餐馆的经理想通过开连锁店的方式来拓展企业规模，但他不打算复制原有餐馆的任何成功要素，那么你就会觉得他很不明智。这条原则听起来再明显不过了，但我们往往会选择复制错误现实。除非我们学会如何复制积极的现实，否则我们每次都会将宝贵的资源浪费在重新发现已经被发现过的成功途径上。

但是事情到此并没有结束。如果我们想在职场中取得成功，无论是实现更高的利润还是占有更大的市场份额，或者是留住高端人才，我们都不仅要学会复制自己最有价值的现实，还要学会将它传递给我们的团队、同事，甚至是客户。最好的一个例子来自我曾合作过的一家位于新奥尔良的医院，这个例子带给了我们一些无价的经验，因为它展示出，每一个人都能在职业和生活中创造出积极启动。

创造具有感染力的现实

在 2012 年《哈佛商业评论》的一篇文章中，我描述了位于路易斯安那州的奥克斯纳健康系统公司（Ochsner Health System）在卡特里娜飓风后如何采用非同一般的步骤，提高了该公司 11 000 名医疗服务人员、管理人员、销售人员及其他职员的积极特质。这家公司曾在两年时间里多次邀请我帮助他们的公司领导者实施积极优势的研究。不过，我很快意识到，如果真的要改变这个组织，那么仅仅让几位高层领导者相信增加收入的最好方法是先提高快乐水平是不够的。他们必须在组织里每个人的大脑中都灌输“积极性具有感染力和益处”的观念。

美国全国广播公司的电视剧《办公室》（*The Office*）中的人物迈克尔·斯科特（Michael Scott）常常十分滑稽地指出一些显而易见的事情，并因此而出名。比如在一段情节中，他宣称：“我不喜欢医院。在我看来，它们总是和生病联系在一起。”我觉得这很有趣，因为医院当然和生病有关。问题是，正如研究显示的那样，当我们认为某事物不健康时，它就会对我们产生不健康的影响。所以，人们会表现出他们最在意的疾病的症状，医学院学生在学医的第一年会患上所谓的“医学院综合征”——他们相信自己患有他们所学的每一种疾病。这种现象给医院造成了一个很大的问题。怎么才能让人们在一个与疾病相关的地方感到自己变得更健康了呢？

其实很简单，你可以把医院变成丽思卡尔顿酒店（Ritz-Carlton）。

丽思卡尔顿酒店已经成了五星级客户服务的代名词。人们有这个印象的原因可能与你认为的不同。这不仅仅是因为酒店会提供毛茸的毛巾、大大的游泳池或舒服的大床，主要是因为丽思卡尔顿酒店会根据一套简单的服务准则来开展业务。它的准则是让宾客感到受重视，超出宾客的期望。曾有客户请我住过一次丽思卡尔顿酒店，当时我提出要换房间，因为我的房间里有烟味。酒店立即为我找了一间更好的房间，为了补偿给我带来的小小不便，他们支付了我的晚餐和饮料费用，甚至还提供了免费按摩。然而大多数人并不知道丽思卡尔顿酒店杰出服务中的神秘要素，那就是他们在推行“10/5 法”的策略。事实证明，这是展示积极启动如何改变组织的一个绝佳例子。

“10/5 法”包括一些所有员工都要遵守的简单的行为准则。丽思卡尔顿酒店的员工在遇到宾客时，如果距离在 3 米以内，员工要和宾客有眼神接触并保持微笑。如果与宾客之间的距离在 1.5 米以内，员工应该向宾客问好。山姆 · 沃尔顿（Sam Walton）对沃尔玛的迎宾员也有类似的要求。当迎宾员与顾客之间的距离在 3 米以内时，他们应该对顾客微笑（可惜现在不再这样要求了）。这听起来非常简单，但研究发现，这些小小的改变对顾客满意度、员工保持率和公司的利润会产生巨大的影响。

在咨询了专家并仔细查看了研究成果之后，奥克斯纳健康系统公司最后认为，如果想通过创造快乐而舒适的现实来改善医院绩效的话，没有比模仿全球最著名的奢侈特许经营品牌更好的方法了，于是他们采用了“10/5 法”。

有些公司“采纳”观念或政策的做法是敷衍地发一封致全体员工的电子邮件，

然后就把这件事忘到脑后了。奥克斯纳健康系统公司则切实采纳了“10/5 法”。他们对 11 000 名医生、护士、经理和管理人员进行了培训，让他们做到每当离患者或其他员工 3 米以内时就微笑，每当离他们 1.5 米以内时就问好，该公司甚至将这作为绩效评估的一部分。虽然医院永远不可能像丽思卡尔顿酒店那么奢华，但重点不在于此，重点在于往医院工作人员的大脑中灌输积极现实，然后通过他们将这种积极心态和观念传递给患者。

不过作为一名研究者，我对此抱有职业性的怀疑态度，因此，我对这种做法提出了很多问题。人们是否会觉得这种微笑不真诚或不自然？医生和护士花时间对每个人都问好是否会干扰他们做其他重要的事情？消极的员工在医院里是否会通过设法与别人保持距离来逃避对人微笑？

一开始很多医生和医院工作人员也表示很怀疑，有些人还说：“这不就是做做表面文章吗？微笑又不可能影响医院根本性的绩效。”“我可不想在人力资源部愚蠢的倡议上浪费时间，我要忙着治病救人呢。”有些特别固执的人很难接受这种做法。不过在接下来的 6 个月里，每当这些非常抗拒改革的消极的医生经过走廊时，人们都会对他们微笑或问好，不只是其他员工，还包括患者，于是情况开始发生改变。你可能已经注意到了，当别人对你微笑或问好的时候，你自动的反应就是朝对方微笑，并且说“你好”，这正是那些一开始抗拒改革的医生逐渐开始做出的反应。最终他们采纳了“10/5 法”，但他们并没有完全意识到自己在那样做。

简而言之，行为是具有感染力的。公司负责组织发展与培训的副总裁卡拉·格里尔（Kara Greer）告诉我，那些最初不遵守“10/5 法”的员工很快成为异类，于是他们也开始不自觉地采取了这种新的积极模式，因为只有这样他们才不会显得太扎眼。

“10/5 法”彻底改变了全院上下所共享的现实。那些在一开始很难接受这种做法的医生逐渐相信，诸如问好或微笑这些看似无关紧要的事情确实会对患者的健康产生积极的影响。不过，那些怀疑者暂时忘记的事情是，从心脏康复到畸齿矫正，患者的满意度与成功的治疗结果之间都存在着直接的科学联系我们有时认为，优秀的医生应该是专业知识丰富或学历很高的医生，但许多研究，包括发表在《新英格兰医学期刊》（*New England Journal of Medicine*）上的一项研究显示，优秀的医生同样知道如何与患者交流。这不仅是因为他们令患者感到温暖，而且是因为和医生联系紧密的患者更有可能遵从医生确定的治疗方案，他们也更有可能返回医院接受重要的检查。

这项举措不仅提高了患者的满意度，而且改善了医院的治疗成果。另外，根据患者对治疗是否满意这个指标能很好地预测出医院的利润。根据奥克斯纳健康系统公司的报告，在一年内，推行“10/5 法”的医院在医疗咨询公司普莱斯基尼公司（Press Ganey）的推荐可能性评分（这项评分评估的是患者是否愿意建议自己的朋友来这家医院）上提高了 5%，特殊病患的到访得分提高了 2.1%，而且这样的医院在医疗服务提供者评分上的成绩也有了显著改善。奥克斯纳健康系统公司的报告显示，公司 2011 年的年收入为 18 亿美元。因此，即使他们的年收入只增加 0.1%，那么积极启动也可以为他们节省数百万美元的成本，从而使他们能为更多的患者提供医疗服务。这给“千金一笑”的说法赋予了全新的意义。

环顾我们的公司或工作场所，似乎每一名员工都很独特，他们都具有不同的个性、思维方式、信仰、价值观和学习风格。从理论上说的确如此，但这种观点遗漏了非常重要的一个方面：虽然我们的性格可能彼此不同，但我们的大脑相互之间的联系很紧密，它们是通过镜像神经元网络连接在一起的。

心理原理

镜像神经元是我们大脑中的一些受体，这种神经元使我们能无意识地模仿周围人的动作。当我们看到某人做出一个动作，比如打哈欠或微笑时，我们的镜像神经元就会被激活，它们会给身体发出信号，让我们也做出相同的动作。

镜像神经元对积极启动非常重要，因为指挥我们的非言语动作的正是我们的思想和观念。例如，当你运用非言语的方式表达兴奋时，我的镜像神经元就会注意到它并模仿你对兴奋的表达。反过来这会让我的大脑认为我也体验到了你所体验的兴奋。英国苏塞克斯大学（University of Sussex）的研究者保罗·马斯登（Paul Marsden）针对这项研究写了一篇很棒的评论文章，该文章表明，不仅打哈欠和微笑有传染性，而且诸如压力、焦虑、乐观、自信、无聊和专注等情绪也具有传染性。换句话说，幸亏有镜像神经元，我们才在硬件上具备了积极启动的条件。

历史为我们提供了一些非常生动的案例，证明我们具备“社会感染”（social contagion）的条件。1962 年，在被称为“6 月虫”的事件中，一家纺织厂的 62 名工人被一种昆虫“咬了”，虫子的毒液明显引发了严重的恶心、呕吐和肢体麻木，许多工人因此住进了医院。然而经过数月的调查，传染病防治中心发现，这些症状并不是由那种神秘虫子的毒液引发的，罪魁祸首是强烈的、互相影响的焦虑感。正如事实所证明的那样，咬到工人们的是集体性的歇斯底里。

在有关社会感染的案例中，我最喜欢的应该是 1518 年的“跳舞瘟疫”（这听上去不像埃博拉病毒或黑死病那么吓人，但更加有趣）。据报道，“跳舞瘟疫”开始于法国斯特拉斯堡，一位名叫弗劳·特洛菲亚（Frau Troffea）的女性在街上无法控制地不停跳舞，直到累趴下。一开始人们认为她是精神病发作，而且已经发作完了，但是后来她又开始跳舞。在接下来的几天里，又有 30 个人也开始无法控制地痉挛性地跳起舞来。最后，当地政府不得不介入进来，因为事态已经发展至 400 个人不管白天晚上强迫性地跳着舞……他们根本不是出于快乐。这是一种疯狂的、不顾一切的舞蹈，它甚至会导致心脏病发作和死亡。特洛菲亚怪异的行为具有强烈的感染力。

单独的一起精神崩溃导致了数月的集体性歇斯底里，一例虚假的疾病引发了想象中的传染病。这些故事说明我们有多么容易“感染”别人的心态，哪怕一开始只有一个人有这样的心态。在社会心理学中，这类故事还有很多很多。但是，如果你曾经阅读过相关研究或上过相关的课程，你就会知道，人们很少谈及历史上积极的感染，比如大规模地废除奴隶制的决定，全球吸烟率的下降，或者非暴力运动在印度和埃及的流行。积极的爆发也可以开始于一个人的舞蹈，如果我们能传播消极，便同样能传播积极。

我在此想要强调的主要观点是，你拥有在家庭或职场中传播积极习惯的力量。试着在办公室或家里实施“10/5 法”。如果这听起来是一项过于重大的任务，那么你可以试一试我在美国公共广播公司的演讲“积极性的健康优势”中提到的这种做法的变型，它被称为“展露你的微笑”——你所要做的就是每天多收缩 3 次你身上最有影响力的肌肉。不过我并不是说每天只微笑 3 次，而是说每天再多微笑 3 次。例如，如果你在电梯里一般不会对同事微笑，那么现在就笑一笑；早晨在你点咖啡的时候，对咖啡师笑一笑（我知道你在喝到咖啡前可能很难笑得出来，不过无论如何都要试一试）；在你上班的路上，对随意一个陌生人微笑；在开会期间或在做产品宣传时，多微笑 3 次……看一看这些简单的行为如何立即改变了周围环境。这听起来可能挺傻气或者好像毫无道理，但正如我在奥克斯纳健康系统公司看到的那样，我觉得没有任何其他的行为改变能产生如此高的投资回报了。而且有科学证据证明，微笑还能提高你的社交能力和情商。

威斯康星大学的戴维·哈瓦斯（David Havas）和同事进行了一项研究，他们让被试收缩与微笑相关的面部肌肉。结果发现，一方面，模拟的微笑能减少被试对别人的怒火。另一方面，当人们收缩与皱眉相关的肌肉时，他们与别人的交往会变得比较困难。如果我告诉你，戴眼镜能提高你的社交商，你或许会想戴眼镜能让人看得更清楚，所以会提高社交商，对吗？好吧，“戴”上微笑其实更简单、更省钱，并能收获同样的益处。另外，研究者发现，当你微笑时，大脑会释放出多巴胺，这种激素既能改善你的情绪，也能改善你的现实。记住，积极现实的感染力是双向的。

肖恩
独家观点

多笑 3 次。试着在办公室或家里实行“10/5 法”。如果这听起来像是一个太过宏大的承诺，那么你就可以将其简化为每天多收缩 3 次面部最有影响力的肌肉，也就是每天多笑 3 次。

一次在电影院里，我听到一位女士对她丈夫大声抱怨道：“这里太冷了。”我禁不住在想，为什么不去找管理人员把空调调高些，抱怨有什么用。我并不是冷酷无情的人，这样说是为了她好。正如我们在积极心理学中学到的那样，抱怨冷只能让大脑更加意识到寒冷，这会让她觉得更冷（再说一次，我们所关注的事情会成为我们的现实）。因此，当你处在类似的情境中时，为了自己好，你应该去让管理人员调一调温度，或者去车里取一件毛衣，又或者把注意力放在别处，比如欣赏电影。

与之类似，如果你说“付给我的薪水太少了”，但又不找经理申请涨工资，不找其他工作，或者不采取其他行动来改变现状（你一定还记得“步骤 4”中探讨过的噪声的第一条标准，如果信息不会引起积极的改变，那么它就是应该被消除的噪声），那么你的话就只是抱怨，只是在浪费认知能量。

你可以尝试在办公室或家里实施“不发泄原则”，至少可以把抱怨者驱逐并隔离在“发泄区”里。虽然这只是一个简单的小改变，但它正是意义所在。改变越小，便越容易传播给其他人。在接下来的 24 个小时里，对任何走到距离你 3 米以内的人微笑，并克制自己的抱怨。你会吃惊地发现，这种做法能快速而有效地改变你与周围的人互动的整体趋向。不要吃惊，你会发现周围的人也在不知不觉中养成了同样的行为习惯，这就是积极启动的力量。

在你的个人关系中，积极现实同样具有感染力。哈佛大学的一名大一新生曾对我坦白说，她和父母总是争吵不停，因为她觉得父母不相信她的能力，父母认为她离家后将不能做出好的决定。我没有去附和说她父母的坏话，也没有让她看不起父母，因为如果我这样做，可能只会导致她做出一些愈发证实她的看法的行为（我们所关注的事情会成为我们的现实）。我让她留意其中的规律，结果她发现了一些不同寻常的事情。每当她在晚上 9 点以后给父母打电话时，他们便会发生争吵。但如果她在 9 点之前打电话，便几乎从来没有发生过争吵。那通常是因为她学习太用功，到晚上 9 点的时候，她的认知能量已被耗尽，再也没有力气耐心而清楚地解释自己的想法或者不去理会刚才发生的事情。解决方法很简单，她决定在晚上 9 点之前给家里打电话，除非有紧急情况，否则绝不在 9 点之后打电话。

让我们再来看一看这个小小的改变如何产生了积极启动。她的父母很快注意到他们与女儿的交流之所以变得更积极了，是因为女儿的耐心和开诚布公（尽管他们可能并不知道其中的原因）。反过来，他们在电话中也变得更开放、更耐心了。令这位大一新生感到兴奋的是，父母开始更加信任她的决定了。她发现自己变得更愿意与父母分享大学里的生活了，由此父母也更加信任她，他们彼此的关系变得更加亲密了。因此你可以看到，适当地传播积极特质，便会由此形成一个连续不断的反馈环。

我们的研究并不是要强调微笑的价值，而是要展示传播微小而简单的改变所具有的价值。奥克斯纳健康系统公司采纳的另一个简单做法是“不发泄原则”——公司会训练员工不当着患者的面发泄情绪。他们可以继续抱怨睡眠不足、疲劳、讨厌的患者等，但只要有患者在场，即使这些患者不是他们自己的患者，他们也不能发泄。不发泄原则不仅被应用在检查室或医生的办公室里，也被应用在走廊、自助餐厅等地方。如今写字楼里都有特定的吸烟区，我们会把吸烟者隔离在那里，这样一来，他们在抽烟时就不会影响到他人。也许我们也应该开始设置“发泄区”来隔离抱怨者，这样一来，他们就不能在办公室里用消极性来毒害别人了。

肖恩
独家观点

创造特许模式。找到一种简单的、富有情感的积极模式，以便你能将它复制并特许给周围的其他人。这种模式可以是在办公室或家里实行“不发泄原则”，也可以是找出导致消极互动的模式，然后改变它们。例如，那位改善了自己与父母关系的大学生采取了只在晚上 9 点之前打电话给父母的原则。

在你指责我禁止他人说出消极反馈或禁止他人指出需要纠正的问题之前，请让我来解释一下。我并不是说当护士粗心大意犯了错或者医生被迫连续工作 24 个小时时，医生应该保持沉默。在这两种情况下，保持沉默都是不负责任和危险的。我的建议是，医生应该克制作出只能传播消极性、降低成功可能性的评论。抱怨与指出可解决的问题之间存在着本质区别。抱怨是对现实的一种观察，而这种评论对现实不会产生任何影响。如果你计划采取积极的行动，那么你的行为便不应该是抱怨。

策略 2：构建办公区的积极文化

我们的工作与生活的各个方面都受到了看不见的社会脚本的影响，不过，某些社会脚本比其他脚本会对我们的集体行为产生更大的影响。社会心理学家已经发现，一个人的社会脚本越积极，他创造积极社会影响的能力便会越强。积极的社会脚本其实能将员工的投入程度提高 40%。因此，如果你想发挥积极的社会影响，那么你便不得不经常改写流行的社会脚本。先发制人和使用幽默是改写社会脚本的两种常用方法。

在我教授社会心理学时，我最喜欢留的一项作业是让学生们去哈佛广场打破一条社会规范，然后看一看会发生什么。

他们会进入威廉·詹姆斯楼（William James Hall），走上自动扶梯，慢慢突然转过身，盯着后面的人；他们会躺在电梯上（这会让周围的人乐死）；他们会吃掉别人盘子里的食物；他们会在一堂精彩的课程后给教授小费；他们会在自己跟某人约会的过程中去请求和另一个人约会；他们会在上课的时候接手机，等等。有许许多多的社会规范在约束着我们的行为，我们凭直觉知道它们是些什么规范。不需要有人来告诉你，你不应该躺在电梯上，或者不应该从陌生人的盘子里拿薯条。这些未写明的规范支配着我们的社会互动，它们就是所谓的社会脚本。

可以肯定的是，社会脚本在我们的社会中发挥着宝贵的作用。当这些脚本传递给我们消极的现实时，就会出现问题，我们获得成功的可能性就会下降。这就是为什么创造积极启动的第二条策略是设法改写社会脚本。

2012 年，一家大型公司邀请我去给一些经理做演讲（在这里我就不提公司名称了，因为这家公司的员工的投入程度评分曾经非常低），包括讲一讲有关赞扬与认可的研究，以及如何运用这些研究创造出更有活力的工作环境。演讲过后，他们的高级人力资源经理把我拉到一边，说她很喜欢我的演讲，但有点令人尴尬的是，最近公司刚要求经理们不要鼓励员工。我的表情一定很困惑，于是她解释道："我们正在进行 3 年中第四次大型重组，因此，我们觉得现在'好啊，好啊'地赞扬员工不合适，因为我们不得不解雇一些员工。我们还不确定重组会在什么时候结束。因此，我们暂时不会对员工进行表扬，否则他们就会想'哦，我会拿到奖金了'或者'我一定能保住工作了'，但现在这一切都是不确定的。"

听到这些，我大吃一惊。这家公司怎么会看不出来，当面临巨大的不确定性时，禁止积极性是他们所能做的最糟糕的事情？如果他们不打算用涨工资或晋升来激励员工，那么就最好用赞扬和积极的领导方式来激励他们。你曾经为这样的公司或团队工作过吗？这家公司未写明的规范是：我们可以表达消极性、沮丧和压力，但表扬是不合适的。难怪员工的投入程度会那么低。显而易见，他们需要更积极的社会脚本，我们也需要。

让更多的人传递积极信息

虽然所有的社会脚本都会影响我们与他人的互动，但并非所有的脚本都具有相同的影响力。根据哥伦比亚大学心理学研究者比布·拉坦内（Bibb Latané）的说法，每个社会脚本都具有 3 个组成部分：信息的强度（strength）、信息的紧迫性（immediacy）和传递信息的人数（number）。因此，脚本的社会影响力取决于下面这个等式：社会影响力 =S+I+N。

这个公式从直觉上来看是解释得通的。其中更有力、更重要的启示是：传递某种信息的人越多，它将产生的影响也会越大。在工作中，你可能已经多次看到这种情况了。例如，如果团队中的很多成员听到高层管理人员对某个问题做出了有力的解释，那么与从某个同事那里听到的解释相比，他们更有可能相信前一种解释。我最喜欢的中国成语之一是“三人成虎”，成语背后的故事是这样的：

> 在一个没有星星的夜晚，有 3 个人安静地坐着，聆听森林里的声音。突然，一头野猪窜出来，把其中一个人撞倒了，然后它逃进黑夜。摔倒的那个人大叫：“老虎！”其他两个人很惊慌，也跟着大叫：“老虎！”这样一来，整个村子里的人都被惊醒了，场面一片混乱。这 3 个人讲述了他们被老虎袭击的可怕经历。于是，村里成立了一支打虎队，以消除村民的恐惧。那头野猪早已经平静下来，它透过树林无动于衷地看着村民修建木篱笆，看着忧心的母亲不让孩子出门，等着“老虎”被猎杀。有关老虎的虚

假现实逐渐成了村里主导的社会规范。

2003年3月我看到美国几位高层政要又重演了这个成语中的故事，只是他们的“老虎”是大规模杀伤性武器。我们在大规模杀伤性武器方面的惨败证明了消极脚本，尤其是当它具有很大社会影响力的时候，是多么具有破坏性。如果你想有效地改写职业生涯中的脚本，把它变得更积极，那么你就必须提高自己的社会影响力水平。

增加积极信息的强度有时是很困难的，你甚至会遭到排斥和轻视，这取决于公司的文化规范。如果不采用歇斯底里或耸人听闻的方式，可能就很难提高信息的紧迫性。因此，最好的方法就是增加N，它是传递信息的人数，也就是相信积极信息的人数。

就像努力确保自己根基的政治家会把精力先集中在志同道合且积极的人身上一样，一旦你增加了N，便会对走中间道路的人群产生更大的影响。当你把积极改变的种子种在这两类人群的心里时，你便可以开始攻克最顽固、最消极的同事、经理或客户了。这似乎很符合直觉，但你会惊讶于很多人努力的方向正与之相反。许多人会先找出最消极的人，然后倾尽全力试图把他们变得积极起来，但这是一个注定会失败的战略。更好的做法是先找到最有可能支持你的人，一旦你增加了自己的社会影响力，便可以设法争取那些愤世嫉俗的人了。在规划积极启动的时候，人数具有巨大的力量。

肖恩
独家观点

利用人数优势。我们知道社会影响力 =S+I+N，即社会影响力等于信息的强度加上信息的紧迫性，再加上传递信息的人数。最容易增加的变量就是 N，即传递信息的人数。因此，应先去摘挂在低处的果实，就像政客为巩固自己的根基所做的那样，一开始你可以向想法类似且积极的人传播你的现实，然后再试着说服消极的人。增加人数有助于你创造影响力，而这正是你在向愤世嫉俗者播撒积极改变的种子时所需要的。

先发制人

我们越多地传播积极现实，便越有可能让公司成为更健康、更积极的地方。但在工作中，应该如何做、应该如何应对挑战的脚本往往是由最喧闹的消极者写成的。不过，与你认为的可能正相反，如果你希望别人听到你的积极信息，那么方法就是：不要成为声音最大的人，而要成为第一个说话的人。

2009 年，加州大学伯克利分校的卡梅隆·安德森（Cameron Anderson）和加文·基尔达夫（Gavin Kilduff）做了一项有趣的实验，证明了先声夺人的力量。他们将 100 名被试分成了 25 个组，每组包括 4 名男性或 4 名女性，被试需要按小组来解一系列 GMAT 数学题（申请商学院的学生必须要参加的考试）。研究者将小组一起探讨并得出正确答案的过程录了下来。测试结束后，他们让一个评审团（评审团成员不认识录像中的学生）来看这些录像并判断谁是小组中的领导者。

研究者其实并没有指定任何人担任小组中的领导角色，然而毫不知情的评审者对谁是领导者达成了非常一致的意见，那就是第一个发言的人。更令人难以置信的是，小组最终得出的解答在 94% 的情况下就是第一个发言的人提出的答案。虽然他们明知道没有任何人被委任为领导，但是不仅第三方观察者认为第一个发言的人具有更大的社会影响力，而且他们的队友也有与第三方观察者同样的感觉。这些感觉上的领导并没有胁迫队友选择他的答案，他的答案也没有更正确。

这项研究最吸引我的部分在于，第一个发言的人与他的数学能力之间没有相关性（这证实了我长期以来的怀疑，小组中第一个发言的人往往是最没有资格这样做的人）。一个人之所以对群体更有影响力，是因为他先声夺人。

无论在家里还是在工作中，先发制人并让对话变得积极并非难事。你只需要第一个说话，在别人开始用流言蜚语、抱怨或消极的事情设定社会脚本之前，你可以用积极的主题来开始对话。这一理念促使我改变了打电话时开头说什么的方式。以前，每当我较晚才回复别人的电话时，我通常会这样开始："很抱歉我没有马上回电话，我最近真是忙死了！"这样的说法立即奠定了消极紧张的基调。现在我会先说一说发生了什么很棒的事情，或者我为什么很高兴与他们合作这个项目。我吃惊地发现，当我这样做的时候，其他人会进一步巩固这个积极的脚本。与之类似，当你被分派到一个小组中时，如果你想设定情绪基调，那么就一定要先声夺人。

你希望参加下面哪一个会议？一个会议的开场白是"让我们赶紧开会吧，因为今天我们有很多事情要做，有很多急事要去处理"，另一个会议的开场白是"今天我很高兴见到大家，有如此强大的一支团队来为这个令人激动的新项目效力真是太好了"。现实是相同的，但看法非常不同。你可以在一旁观察人们对不同开场白的反应，看看他们的投入程度和积极性如何被调动起来，这是本书提供的最有效的工具之一。

第一个发言便使你能设定社会脚本，米歇尔·吉兰（Michelle Gielan）将这称为"先发制人"。在获得积极心理学硕士学位之前，吉兰是纽约哥伦比亚广播公司的新闻主播。作为一名新闻工作者，她知道新闻节目常常会从最耸人听闻、最消极的新闻事件开始，第一则报道将会奠定整期节目的基调。想一想在谈话中先声夺人会对整个互动进程产生多大的影响。如果你和一位患病的朋友聊天，她一上来就谈到了一次非常不愉快的就医经历，那么整个谈话就会围绕着同情与疾病。但是如果你先发制人，谈点儿积极的事情，比如告诉她，她比上次看起来好多了，那么你便能改写整个互动的脚本。

肖恩
独家观点

先发制人。谈话中第一个说话的人往往设定了整个社会脚本的方向。因此，如果我们想创造有意义的、富有成效的互动，便需要用积极的事物来引导它。牢牢记住宾夕法尼亚大学的吉兰的观点，用赞美或鼓励的话来开始互动，或者在谈话开始前提一提生活中发生的好事。对话或会议一开始的时候是创造积极启动的黄金时间。

培养积极的非语言表达

当论及社会互动，很多人会忽视他们自己的面孔，我的意思是，他们常常会忘记面部表情在传递现实方面所具有的巨大作用。更糟糕的是，他们常常意识不到自己的表情所传递的内容与他们的真实感受和想法正相反。在演讲的时候，不知有多少次我看到听众露出了似乎很讨厌我的演讲的表情。在演讲之后，他们带着同样的表情来到我面前，却告诉我这场演讲有多棒，以及它将如何改变生活。这就好像我们在边散步边说着没人能听懂的外语。

2010 年，伯纳德学院的乔舒亚・戴维斯（Joshua Davis）所做的一项研究显示了面部表情对人们的影响力。研究过程多少有些令人震惊，研究者给被试注射了肉毒素或瑞蓝玻尿酸（Resty lane）（我完全不知道他是如何从机构审查委员会那里获得研究许可的。哈佛大学的机构审查委员会用了 3 个月的时间，才批准我录制哈佛大一新生和塔夫茨大学的学生玩看手势猜字谜的过程，以用于研究）。这两种化学物质都具有减少皱纹的作用，但肉毒素的作用机制是杀死控制面部肌肉的神经，从而限制表情的幅度。而瑞蓝玻尿酸不会杀死控制肌肉的神经，因此，使用者的面部表情依然能保持正常。会让研究者被试在接受注射后观看一些非常富有情感的录像，并让他们评估录像的情绪感染力。

结果如何呢？瑞蓝玻尿酸组的被试比肉毒素组的被试认为录像更感人。换句话说，肉毒素不仅降低了人们通过面部表达感情的能力，而且削弱了他们的情绪反应。这清楚地表明，如果不在脸上表现出积极情感，那么这不仅会妨碍你感受到积极现实的能力，也会妨碍你传播积极现实的能力。这项研究也警告包括军队在内的团队和组织，在工作中不表现出情感的做法对士气或员工投入程度具有长期的消极影响。

在有些公司中存在一条未写明的社会规范，那就是“快乐软弱”。如果你有时间和同事在饮水机前闲聊，或者有时间提前下班去参加儿子的棒球比赛，那么你一定工作不够努力。不过正如我们已经看到的那样，这类脚本不仅毒害了工作场所，使它变得令人不快，而且破坏了工作效率、投入程度，最终妨碍了公司的营利能力。

好消息是，由于我们已经了解了积极启动，因此我们知道，每个人都拥有改写脚本的力量。既然工作场所中的每个社会脚本都是由某个人写成的，那么那个人为什么不能是你呢？正如我们在“10/5 法”中看到的那样，如果像微笑这样简单的事情便能让社会脚本变得积极，那么其他简单的非语言交流方式也能达到同样的效果。例如，当你赞美别人的时候，不要只用语言来表达，一定要让你的面部表情和语调配合你的语言。在同事说话的时候，你应该充满鼓励地点着头，这不仅能让他感到你明白了他的意思，也能增进感情。确保人们不会将你的语调等非语言表达不会让人与疲劳或厌倦联系起来。

我从位于拉斯维加斯的美捷步（Zappos）公司的一位经理那里学会了一种非语言的方式来表达积极性。这种方法虽然很简单，但特别有影响力。这种方法的秘密在于观察跟你说话的人。拜人类的神经网络所赐，我们能无意识地模仿和我们在一起的人。如果跟你说话的人没有在微笑，对方看起来很疲惫、心不在焉或者很焦虑，那么你的非语言表达方式可能也不积极。如果你不喜欢自己所看到的情景，那么就先改变自己，看一看对方是否会遵照新的脚本与你互动。

不只是微笑，身体语言和语音语调等非言语表达方式同样为积极启动搭设了舞台。

在一项研究中，耶鲁大学管理学院的研究者发现，我们其实能通过领导者的语调来预测团队的表现。在实验中，学生志愿者被分成了若干小组，他们会合作完成各种商业任务，目标是为想象中的公司赚钱。然后会进来一位“经理”，他其实是一名演员。根据研究者的指导，他会用 4 种方式中的一种来说出脚本。这 4 种方式分别是“欢快而激情四溢”、“平静而温暖”、“沮丧而无活力”和“敌对而烦躁”。脚本和演员都是一样的，所不同的只是非语言的表达方式。不出所料，欢快而激情四溢的“经理”领导的团队更积极。不过有一点或许比较令人吃惊，当“经理”以积极的语调说出脚本时，团队的营利能力也显著提高了。

研究发现，非语言表达方式在军队中也能产生强大的社会影响。美国海军每年会评出两项有关领导力的奖项——效率奖和作战准备奖。从表面上看，这两个奖项与积极性毫无关系，但它们通常会被授予善于鼓励的指挥官所领导的中队。与之相反，消极的、高高在上的、控制型的指挥官领导的中队通常在表现方面得分最低。即使在人们认为铁血严酷的领导风格应该会最有效的严酷环境中，胜出的依然是积极的领导者。

把脚本从悲剧改为喜剧

在职场中，最好的脚本作者是那些写出喜剧而非悲剧的人。这不仅是因为积极的人更喜欢喜剧，也因为幽默能产生更大的社会影响，因此他们在创造积极启动方面更加擅长。为什么《每日秀》和《科尔伯特报告》(*The Colbert Report*)会那么受欢迎，因为它们在新闻报道中注入了幽默。它们讨论的新闻事件与传统新闻节目并无二致，但因为它们采取了有趣的方式，所以它们的收视率比许多传统的新闻电视节目更高。它们受欢迎的原因并不完全在于它们在新闻中注入了一些娱乐要素，正如事实证明的那样，有趣的人会被认为更聪明、更可信。人们发现幽默是领导能力的一个有力预测因素，幽默能带来利润和业绩。唐永泰（Yung-Tai Tang）在一项研究中发现，**领导者的幽默与研发部门的创新水平之间存在直接的正相关关系**。

我们天生就会被有趣的人所吸引。为什么呢？当寻找恋爱对象时，我们会被那些看起来健康或强壮的人吸引，因为他们能够保护我们的后代。从进化的角度来看，这是合理的。我们也会被拥有光洁红润的皮肤、健康的头发、匀称的身材的人所吸引，因为这些特点标志着他们能将高质量的、健康的基因传递给后代。但是，我们为什么会被幽默感所吸引呢？说笑话既不能提高繁衍的成功率，也不能阻止剑齿虎攻击你的孩子。研究者发现了背后的原因：幽默不仅会吸引恋爱对象，还会吸引商业伙伴、政治家、新闻记者以及其他书写社会脚本的人，因为幽默是认知健康的标志。你的大脑必须足够灵活敏捷，才能理解或创造幽默。最有趣的人是那些能看到其他人可能看不到的现实的人，而幽默感标志着一个人增加观察点的能力。

哈佛大学有一门名叫“智慧与幽默”的课程，我曾做过这门课程 3 年的教学助理长。这门课是利奥·达姆罗施（Leo Damrosch）教授设计的，它旨在说明，运用幽默感来提高增加观察点的能力，能显著改善领导力和工作效率。在相关主题的文章中，我把幽默定义为“以另一种方式来看待世界的意识，它表现出了生活的荒谬或共性”（没有什么比科学定义更能扼杀幽默了）。到底是什么使得有些人在现实中找到了幽默，而其他人只感到了恼火或窘迫？你也许不会奇怪，答案就在于积极特质。

心理学家芭芭拉的“扩展和建构”理论表明，体验到积极情绪的做法能在短时间内扩展“思想—行动指令”，也就是以最有效的方式运用智能资源的路径。对现实的感知能决定你的行为。如果你看到了一条通往积极现实的路径，那么大脑便会更快地在消极事件中看到幽默。因此，当在外部世界的工作中遇到消极事件时，你便可以把幽默作为战略工具，从而帮助其他人看到更积极的现实。

剑桥大学教授 C. S. 刘易斯（C. S. Lewis）说世界上有两类人，一类是寻找奇迹并找到奇迹的人，另一类是不去寻找奇迹，也看不到奇迹的人。对幽默来说，情况也是如此。如果在主持会议时、在介绍别人时、在跟客户打电话时或在制作幻灯片时，你不去寻找幽默，那么你就会失去在社会脚本中引入喜剧的机会。

不用担心，你不必因为要运用幽默来实现积极启动而成为喜剧演员，你甚至都不需要制造玩笑，你只需要分享玩笑或为之哈哈大笑。你可以在电子邮件的一个文件夹里保存一些你收到的有趣文章或视频，从而在开会或谈话时设法把它们运用到社会脚本中。你也可以制作一个趣事清单，里面包括你在家里讲过的有趣故事或者小时候的糗事，以便你能在恰当的时候跟同事或团队成员分享它们。

为了讲好一堂大学的英语课，我曾这样做过。从那以后，每当我需要在演讲中插入有趣的事情时，我都可以信手拈来（看一看我在 TED 演讲一开始讲的有关独角兽的故事）。你也可以从电影、书籍或电视节目中收集有趣的句子，并在其他地方运用它们。在工作中，人们是不是经常借鉴电影《上班一条虫》（*Office Space*）或电视剧《办公室》中的台词？虽然这些台词经常被借用，但人们依然会对此哈哈大笑。就像我们的品位会欣赏了杰出的艺术作品而提高一样，研究者建议我们多看喜剧以增加幽默感。如何将职场中的脚本变得更积极？幽默是最有效且最有趣的方法之一。

肖恩
独家观点

巧用幽默。为了把你的社会脚本变得戏剧化，你自己不必成为喜剧演员。当你在喜剧小品或情景喜剧中听到特别好笑的段子时，可以把它写在手机的记事本上。在接下来的 24 个小时里，设法使用这个好笑的段子。设立一个电子邮件文件夹，专门存放别人发给你的有趣文章或视频，然后在会议或谈话中想办法把它们注入你的社会脚本。制作一个趣事清单，里面包括你在家里讲过的有趣故事或者小时候的糗事，以便你能在恰当的时候和同事或团队成员分享这些趣事。

策略 3：创造共享的叙述

为了实现积极启动，你不仅需要运用理性，还需要运用情感。一项有趣的新研究显示，当团队中有一个人以特定的积极方式运用情感并强调意义时，团队的总收入就能增加 700%。播种积极现实最好的方法之一是围绕共享的积极或消极的情感经历来构建叙述。我的一项研究显示，围绕过去的不幸或失败来创建共享的叙述是创造积极启动的最佳方法之一。另外，沃顿商学院的研究显示，当积极启动来自非团队领导的某个人时，会达到非常好的效果。换句话说，**任何人，无论他的角色或头衔是什么，只要运用了价值和意义，便能创造出积极启动**。

如何在世界上最大的公司里传播积极启动？使用相同的方法，你可以帮助患有令人痛苦不堪的慢性疾病的患者发起快乐运动，你会找到非常善于创造富有情感和意义的叙述的积极冠军。在这个部分，我将解释其中的联系。如果你能让传递的信息充满情感，那么创造积极启动的可能性就会显著提高。另外，你不必是老板或领导者就可以传播积极性，组织中任何层级的任何人都可以基于情感和意义创造共享的叙述。

最令我感到骄傲的工作之一是担任“每天都很重要”运动的积极心理学专家。美国国家多发性硬化症学会的“每天都很重要”运动由赛诺菲制药集团（Sanofi company）下属的健赞（Genzyme）公司赞助支持。它是一项全国性的互动计划，目的是发现并报道每天面对多发性硬化症挑战的人们的真实故事。在参与这项计划之前，我对多发性硬化症没有什么了解。随着对它了解的增多，我发现多发性硬化症是一种迄今为止仍无法治愈的恶性疾病。从本质上说，这种疾病会使大脑失去与身体中的神经进行沟通的能力，从而导致反复发作的深入骨髓的疲劳、疼痛和麻痹。我了解得越多，越感到这种疾病是多么令人气馁。

1 200 名勇者申请加入了这个计划，他们将运用我在《发现你的积极优势》中描述的技术来应对多发性硬化症所带来的身体、情感及社会方面的挑战，以此改善他们的应对能力，甚至减轻症状。我们将从中选出 5 名积极启动冠军。我们不会选择其中最快乐的人，而会选择故事最具有鼓舞作用的人。他们的故事能向所有患有多发性硬化症的患者以及世界证明，快乐是一种选择。我在丹佛见了 5 名患者，利然后用一个周末完整地讲述了积极心理学的发现，并为他们和他们的快乐教练米歇尔·克洛斯（Michelle Clos）制订了未来几个月的计划。克洛斯也患有多发性硬化症。从 7 月到 11 月，获得过艾美奖的电视制作人克里斯汀·亚当斯（Kristen Adams，同样患有多发性硬化症）会拍摄他们的进展。我被他们的故事震惊了：

> 俄克拉荷马州一位名叫萨莉的乡村小学老师每天早上都会在严重的疲劳感中醒来，这是许多人从未体会过的疲劳。她没有因此而放弃，而是每天都会起床去学校，给学生们带去希望和鼓励。她甚至给班里每个同学都制作了一个带有饰物的手镯，这样一来，她便能提醒自己，为什么每天都会对这份工作充满感激。

我从这段经历中学到了一些非常宝贵的东西。我们可以给多发性硬化症患者讲述几个小时有关快乐和幸福的科学，但产生的效果绝对比不上网站上的一些录像。所以，要想更好地将积极现实传播给面对某种挑战的人，你便需要让具有类似经历的人来分享富有情感的叙述。简而言之，为了创造积极启动，你需要一些积极冠军。

我们找到的积极冠军远远不止 5 个。一些患者在被诊断出患有多发性硬化症后，便开始跑马拉松，虽然之前他们从来没跑过。还有一些多发性硬化症患者找到了真爱，而第一次约会的开场白是“我患有会令人越来越衰弱的不治之症”。这些都是积极特质的表现，这些患者是在发起一项运动。他们给予我们的叙述是，当情况很艰难时，我们可以利用一些简单方法来让自己保持积极、上进，从而集中精力克服生活中巨大的挑战。受到“每天都很重要”运动的鼓舞，当我在2012年与沃尔玛合作为150万名员工发起快乐运动时（很多员工没有受过良好的教育，生活贫困，有亲戚在监狱里，是单亲父母，没有时间参加培训，接触不到计算机，是兼职工或超重），我们已经知道了关键之一：富有情感和意义，以及深入内心的个人叙述能创造最有效的积极启动。

我的公司好思公司与沃尔玛富有远见的戴维·霍克（David Hoke）和杰米·布鲁纳（Jamie Brunner）合作开展了一项计划。我们会进入沃尔玛的各家连锁店，帮助员工围绕他们不同的生活领域，比如家庭、健康、食物或金钱来建立持久的积极习惯，这项计划被我称为“活力挑战”（The Zip Challenge）。当这项计划被发表在杂志上的时候，它依然在持续着。不过，我们的计划是从成千上万的员工故事中选出冠军，让他们到各个连锁店去分享他们的故事，从而鼓励沃尔玛的员工在自己的生活中创造积极的习惯。之后在每一家连锁店里，会有越来越多的冠军被选出来，从而继续传播成功的故事，并创造积极启动。随着计划的开展，我们检验了它对健康、快乐和利润的影响。

这项计划的关键在于在沃尔玛内部找到引领积极运动的人。因此，无论你想传播的改变是改善健康还是改善工作习惯，有时你所需要的就是积极的、充满情感的叙述。

普通人往往比领导者更有说服力

大多数人认为，为了在一个团队或组织中传播文化或心态，你必须身处领导地位。然而沃顿商学院的亚当·格兰特（Adam Grant）教授所做的有趣研究显示，更重要的其实是在深层的情感层面上与他人进行交流，他也在杰出的作品《舍得》（*Give and Take*）中写到了这一点。

格兰特的研究聚焦于呼叫中心新聘用员工的培训课程。在课程上，他们会接受有关销售与服务的培训。他把整个班分成了 4 组，每个组接受培训的情境略有不同。在第一组的培训中，除了正常的培训，领导者会发表一段激励性的演讲。在第二组的培训中，领导者不露面，一位员工（被称为受益者，因为他从公司的成功中获得了益处）会发表简短的演讲，他会说一说为什么呼叫中心对公司的运作非常重要。他会讲述呼叫中心创造的利润如何帮助公司支付员工的工资，并使公司能不断发展。第三组新员工只接受正常的培训，没有额外的演讲。在第四组的培训中，领导者和充满感恩的员工都会发表演讲。

即使你猜测既有领导者又有受益者的培训对新员工的激励最有效，但我想你可能猜不到这对团队的业绩具有怎样的积极影响。如果培训正常进行，不加入任何励志演讲者，那么小组完成的销售数为 46 笔，总收入为 3 738 美元。如果领导者出现并做了励志演讲，那么销售数从 46 笔增加到了 151 笔，大约增加了 2 倍。不过真正有趣的是第四组，这些新员工既聆听了领导者讲述呼叫中心的重要性，又聆听了受益者讲述呼叫中心工作的积极作用，他们的销售数从 46 笔跃增到 271 笔，收入从 3 738 美元猛然增加到 21 376 美元。

换句话说，当领导者分享他的积极现实时，收入会增加。但当员工也展示了这种现实对他的影响，从而加深了情感连接时，收入到了原来的销售量的增长会更可观。

这项研究证明，**当你的现实既真实又富有情感时，人们更有可能接纳它**。在以上的案例中，受益的员工为领导者的信息注入了可信性。如果你是领导者，即使你口沫横飞地讲述团队的努力工作如何让公司受益，即使你讲得精疲力竭，员工们也很难信服。但是，如果一名普通员工传递了与你同样的信息，你的团队就会觉得这些信息更可信、更有说服力。所以政客们会邀请普通大众在竞选游说过程中帮他们做宣传，因为从老百姓口中说出的信息更能与选民产生情感上的共鸣。

以下是另外一个很好的例证。沃尔沃公司的一位经理鲍勃·奥斯汀（Bob Austin）曾写过一篇博文，想要以此提高员工的投入程度，从而对公司业绩产生积极的连锁影响。他选择了一位客户的儿子的故事。这位年轻人遭遇了可怕的车祸，但多亏了沃尔沃汽车的安全设备，他幸运地保住了性命。奥斯汀写道：“如果她的儿子开的是别的车，他可能已经丧命了……在沃尔沃，我们的工作其实能挽救生命。”

他的故事很有影响力，但是让我们来比较一下另一个因为沃尔沃汽车较高的安全标准而死里逃生的故事。这一次，当事人的母亲和奥斯汀一起登上讲坛讲述了这个故事：“我的女儿只是有些轻微的擦伤和瘀伤。警察跟我说：‘要不是因为他们开的是沃尔沃轿车，他们可能就没命了。’”你觉得哪个版本的故事能更有效地让沃尔沃的员工相信，他们的工作正在带给这个世界积极的改变？我们从中获得的启示是，积极启动不一定要由正式的领导者发起，其实有时不由他们发起，效果反而会更好。

我曾和一家大型技术公司的销售主管交流过，令他非常沮丧的是，他的团队不能像他一样投入地工作。他告诉我，在上次月度会议上，他一张图表一张图表地展示公司取得了多么大的进步，但是，这种做法似乎对员工大脑中的现实没有产生任何影响。于是在下一次月度会议上，他邀请一位客户来讲一讲他对这家公司提供的服务有多么满意，并让一位销售员讲一讲自己在这里工作比在原来公司工作快乐了多少。这位销售主管说，突然之间，他的团队好像完全改变了。在会后的几周里，他们显然变得更积极、更投入、更有效率了。增加成功率和利润的最好方法往往不是用数字来说话，而是用意义。

这项研究之所以非常重要，是因为它打破了有关“积极来自领导那里”的观念。如果你想让职场中的其他人相信某种积极现实，那么就找出这种现实的受益者，比如满意的客户、快乐的同事或者你自己。你传递的信息中一定要包含个人事例，以证明受益者的现实是真实可信的。

如果你想让人们为你最喜欢的慈善事业捐款，那么你的故事应该引入从这项慈善事业中获得益处的人。如果你想让团队更积极主动，那么就让客户录制一段 30 秒钟的视频，以展示他们对你的团队提供的服务感到多么满意和开心。记住，你传递的信息越富有感情，它产生的影响就会越大。

用逆境增强凝聚力

信不信由你，职场中的逆境和挑战不一定会削弱员工的积极性和投入程度，它们其实可以成为具有凝聚作用的胶水。我知道这听起来不像是积极心理学研究者应该说的话，但事实确实如此。为什么？答案在于利昂·费斯汀格（Leon Festinger）对被称为“认知失调”的心理现象的著名研究。

当大脑意识到自己正秉持着两种相互矛盾的信念时，人们就会陷入认知失调的状态。例如，假设你一直很讨厌橄榄。一天，你妻子偷偷把橄榄加在意大利面的酱料中，结果你觉得挺好吃。你的大脑会感受到失调，于是你就会想尽办法驱散这种失调的感受。或者你一直认为自己属于保守派，然而随着选举的进行，你发现自己更接近自由派。你的大脑在此时也会感受到失调。这与积极启动有什么关系？

费斯汀格主张，如果你在一项任务上投入了大量努力，大脑便会认为为之付出认知资源是值得的。但是，如果你在某事上投入了很多精力，而大脑认为它不重要、与你无关、毫无价值或者它不是你喜欢的事情，那么会怎样？

那会导致认知失调。你的大脑会想：“哦，为什么我为自己不在乎的事情投入了那么多认知资源？”大脑非常不喜欢认知失调，因此它会想出理由来解释你为什么投入了那么多，通常的理由是，其实那项工作非常有价值。

因此，认知失调会诱骗大脑相信你非常在乎某项令人讨厌的任务或困难的挑战。换句话说，**逆境或挑战可以被用来激发积极性和投入程度，反过来它也能被用作向他人传递这种心态的工具**。

商业界在领会这些观点方面慢了一些，而军队长期以来一直在实践着它们。关于积极启动，我们其实可以从军队中借鉴很多。我已经讲过很多有关自己在海军中服役时的故事，不过下面这个故事特别有教育意义。

刚开始海军学业时，我去参加了海军的新兵训练营，人们称之为“入门指导”。我本以为那会像夏令营而不会像荷枪实弹的战斗。可以说我是在粗鲁的叫醒声中进入营地的：在前往位于罗得岛州新港营地的大巴上我睡着了。一位训练军官对我大吼大叫，他让我在 5 秒钟内走下已经空无一人的巴士，否则我就要做 40 个俯卧撑。在接下来的几个小时里（尽管我不知道究竟有多长时间，因为他们拿走了我的手表），他们没收了我们所有的个人物品，包括家人的照片、手机等。他们剃光了我们的头发，并毫不留情地让我们一圈圈地齐步走。

每天晚上我们都和衣而睡，由于凌晨 4 点的起床令而十分警惕。我们只有 5 分钟的时间吃饭（教官常说，如果你把叉子放进了嘴里，那么就说明你吃得太慢了）。我们只有 10 秒钟时间来刮胡子（使用统一发放的刀片经常会刮出血，结果教官会指责我们试图制造流血事件以逃避行军）。当我因为顶着毒辣辣的太阳行军 5 个小时而被晒伤时，教官会大吼道：“埃科尔，你为什么破坏政府财产（指的是我）？”

所有这些做法背后都存在着一个原因，但并不是因为教官们都是虐待狂。对于军队来说，至关重要的不仅是要保留住顶尖人才，还要招募到具有强烈奉献精神和绝对忠诚的军官。毕竟，他们必须愿意为军队、为国家而牺牲生命。

你可能会问，那他们为什么用地狱般的新兵训练营来吓走人才呢？因为当军校受训学员经历过这种地狱般的训练后，为了避免认知失调，他们的大脑就会相信他们所做的事情一定是有价值的。“我现在这么受罪是因为我太想成为杰出的军官了，”大脑想，“如果我不想，那么为什么要承受这些痛苦呢？”换句话说，把军校学员送进训练营受折磨能给他们灌输奉献精神、决心和忠诚，因为他们的大脑会让他们珍视这些品质。如果操作正确，那么在职场中引入团队压力也会具有类似的益处。

在一系列实验中，埃利奥特·阿伦森（Elliot Aronson）① 为一些新员工设置了几种初入职场的情境。有些情境比较温和、简单，比如只是介绍自己或讲一个小故事。有些情境则会令新员工难堪，比如让他们大声读一段话，其中包含令人难为情的词汇。

结果怎样？初入职场的经历比较容易应对的员工觉得团队成员之间的联系不是很紧密，他们对作为团队一员的身份也不是很珍视。而入职时读了令人难为情的脚本的员工觉得团队更有凝聚力，他们更珍视作为团队一员的身份。就像参加后备军官训练的学员一样，如果这些员工在加入公司时付出了较高的代价，那么为了避免大脑承受认知失调的痛苦，他们就会觉得这一切更有意义。与他人共患难能够缔造出最深切、最牢固的情感连接，为什么我们不能更多地利用职场中的压力呢？

我并不是说你应该在工作场所中到处散播压力和敌意，毕竟这是关于积极启动的技能。我的建议是，你可以帮助人们在压力和逆境中找到意义。该怎么做呢？你应该聚焦于团队是如何战胜压力和逆境的。让我们再来看一看军队的做法。他们确实让学员经历了地狱般的训练，但他们同样创造了积极的、有意义的共享叙述，从而让学员感到自己是团体的一部分，并让学员知道与这样一群杰出的人一起为如此非凡的国家而战斗、成为如此惊人的历史的一部分是多么大的荣

① 阿伦森是 20 世纪最杰出的心理学家之一，想了解其更多生平及研究，欢迎阅读由湛庐策划、浙江人民出版社出版的阿伦森自传《绝非偶然》。——编者注

耀。这种逆境与共享现实联系在了一起，在这种逆境中，压力是有意义的，因此，它能将学员们团结在一起。

为了将逆境变成凝聚团队和组织的胶水，我们需要培养并传播这样的信息：我们所经历的挑战具有促进和提升作用。当我参加公司的会议时，常常会听到令人惊叹的领导发言。例如，沃尔玛公司在阿肯色的本顿维尔（Bentonville）召开完 2012 年的股东大会后，全球人力资源经理没有故意忽略过去一年缩减预算所带来的挑战，而是利用这些挑战创造了积极启动。她传播的理念是，“这支团队证明了自己的创新能力，证明了自己超出期望的能力”。这样一来，团队便不会在消极和沮丧中陷入停滞，他们会把挑战看成是荣誉勋章，看成是令人乐观的未来的保证。

每当你的团队或公司承受压力时，那便是告诉团队为什么压力会让他们更团结、更强大的一个好机会。压力是不可避免的，但正如我们之前已经证明的那样，它的不良影响不是必然的。如果忽视或惧怕压力，压力就会分裂团队。但是，如果采取积极的方式来利用它，压力便可以成为凝聚团队的胶水。关键是找到恰当的叙述。

2011 年，当我与 Adobe 公司进行合作时，公司的产品管理经理玛丽亚・雅浦（Maria Yap）给我发来了一段很精彩的视频，视频的内容是公司围绕过去的挑战创造的共享的叙述。视频的名称叫《启动画面的背后：CS5 的制作》（*Behind the Splash Screen*：*The Making of CS5*），它讲述了 Adobe 公司发布 CS5 产品背后的故事。CS5 是 Adobe 公司的旗舰产品。视频讲述了一开始研制团队如何惨遭失败，然后他们如何通力合作，并最终取得了成功。重点是，录像不仅展现了团队的领导者，也展示了很多其他团队成员讲述克服挑战所带给他们的骄傲，以及他们如何修改整个编码，如何用 6 个月的时间完成了通常需要一年时间才能完成的任务。

这段录像的积极特质在于，就像军队在征兵视频中做的那样它也用战胜逆境的胜利叙述创造了情感联结。视频传递的信息很明显："我们在任何情况下都能团结在一起，创造成功，完成创新。"我可以从雅浦的电子邮件中看到骄傲之情，在录像中，你也可以从团队成员的言谈中听出骄傲之情，这些充满骄傲的人非常珍视他们所做的工作。

在取得成功后，大多数团队和领导者会忘记曾经有一个不可思议的积极启动时刻。在完成一个项目、达成销售目标或者赶上最后期限之后，我们往往会立即投入下一项任务或挑战。但是，在这样做的时候，我们会错过了创造有意义的叙述的机会。因此，当你在工作中取得了一项重大成功后，不要片刻不停地继续前行，而应该利用你们战胜逆境的过程来增强团队凝聚力。

你不必像Adobe公司那样请专业团队来制作视频，你可以用自己的语言来制作，有些智能手机以及电脑上的视频编辑软件也能让你把视频做得很酷炫。创造属于你的成功叙述，包括成功路上你遇到的失败、挑战以及犯过的错。如果你没有时间制作视频，把成功过程做成幻灯片也可以。在Adobe公司，有一整面墙都贴满了公司专利的复印件，以此提醒员工公司所取得的所有创新。想一想，为了创造人们能接纳并分享、富有情感的叙述，你在自己的工作或个人生活中还可以怎么做？

作为职场中的领导者，作为周围环境的主人翁，我们应该有意识地将积极启动纳入工作与生活。你是否觉得作为团队中的一分子真是太好了？你会用多少工作时间来表达这种情感？集团的成功是否像个人的成功一样被大家庆祝？关于集团在过去所战胜的挑战是否有共享的、富有情感的叙述？挑战是否被看成是团队的敌人，而不是增强凝聚力的胶水？就像沃尔玛项目和"每天都很重要"运动一样，创造积极启动的另一个好方法是寻找积极冠军或自己成为积极冠军。在我合作过的公司中，那些能通过层级很好地传递积极现实的公司都有一位内部的积极冠军摇旗呐喊，他们这么做是为了让其他人认识到积极的改变对生活的重要性。

2012年秋天，我的公司好思公司与美捷步公司的咨询部门“职场传递快乐”（Delivering Happiness at Work）合作，在一些公司中创造了积极启动。我们非常喜欢美捷步公司的方法，因为它是基于积极启动建立企业文化的典范。其他公司需要投入大量社会资本才能让团队中的每一个人都相信某个观点，而在美捷步工作的几乎所有人都认为自己是企业文化的一部分。公司甚至印发了一本“文化手册”，上面有所有员工的照片以及他们对自己为什么喜欢在这儿工作的解释（未经编辑），从中能看出，其中很大程度上是因为团队中有共享的叙述。

美捷步公司呼叫中心的每个部门都有自己的主题，一个部门的主题可能是“海盗”，当有大人物来参观，并经过他们身边时，他们就会一起大喊海盗的口令（他们会用手把电话挡住，这样一来，便不会把客户吓到）。

你或许认为这种做法很不职业，在很多组织中这可能与企业文化不符。但是在这种情况下，它能形成一种共享的经历，无论多么愚蠢可笑，它都能将团队成员团结在一起。不过，让我们把问题反过来：你的团队目前的投入程度和团结程度足以让他们愿意在一群重要人物面前像海盗那样大喊吗？将你的团队凝聚在一起的只是他们的头衔和办公桌的距离吗？

2012年，我参加了美捷步公司的全员会议并做了演讲。在会议上，公司CEO谢家华（Tony Hsieh）没有将重点集中在去年的收入和销售数字上，而是用大量时间说明为什么人们喜欢在美捷步工作。一些人是因为非常喜欢鞋子；一些人是因为觉得提供优质的客户服务非常有意义；一些人是因为喜欢在一家有创意的公司工作，该公司允许他们乔装打扮并像海盗那样尖叫。

为了让人们喜欢在你的公司工作，你做了什么？即使你不是老板或经理，作为一个富有积极特质的人，你也有责任和机会帮助他人看到你所看到的有价值的现实。**找出工作对你很有意义的原因，然后创造简单的叙述，从而帮助其他人看到你眼中的现实。**

肖恩
独家观点

创造叙述。这种方法会占用很多时间，但它能成为未来数年中可再生的积极来源。创造共享的积极叙述，描绘你的团队或公司如何克服了障碍或挑战。可以是数字形式的，也可以是手写形式的，然后与团队分享它。写一个真实的故事，其中包括冲突、高潮和解决问题的行动，还可以加入照片或录像。把克服逆境的胜利转化为凝聚团队的胶水，它同时还能提高团队成员的忠诚度、积极性和投入程度。

如果你很善于创造积极现实，但无法与他人分享，那么这种现实就会受到限制，而且不会长久。然而，如果运用积极启动的技术，你也可以为你自己及周围的人创造出可再生的积极能量源。

在“步骤 5”中，我们探讨了积极启动的 3 条关键策略：推广可复制的成功模式、构建办公区的积极文化和创造共享的叙述。掌握它们的关键在于不要认为你无法改变其他人。

我们可以改变别人，但唯一的方法是播种积极现实的种子。因此请记住，如果你想成功地传递你的积极现实，就必须要让你的现实具有感染力和意义。一旦你做到了，你便成了心理建筑大师，不仅能创造积极特质，而且能大规模地传播它。你传播得越远，传播范围越广，你能释放出的潜力也会越多。一旦你放大了团队、公司、家庭和社区的集体智慧，那么你所能成就的事情便没有极限了。

积极策略汇总

BEFORE HAPPINESS

- 利用人数优势。社会影响力 =S+I+N，即社会影响力等于信息的强度加上信息的紧迫性，再加上传递信息的人数。最容易增加的变量就是 N，即传递信息的人数。

- 创造特许模式。找到一种简单的、富有情感的积极模式，你能将它复制并特许给周围的其他人。

- 先发制人。谈话中第一个说话的人往往设定了整个社会脚本的方向。用赞美或鼓励的话来开始互动，或者在谈话开始前提一提生活中发生的好事。对话或会议一开始的时候是创造积极启动的黄金时间。

- 多笑 3 次。试着在办公室或家里实行“10/5 法”。如果这听起来像是一个太过宏大的承诺，那么你就可以简化为每天多收缩 3 次面部最富影响力的肌肉，也就是每天多笑 3 次。

- 使用幽默。制作一个趣事清单，里面包括你在家里讲过的有趣故事或者小时候的糗事，以便你能在恰当的时候跟同事或团队成员分享这些趣事。

- 创造叙述。创造共享的积极叙述，描绘你的团队或公司如何克服了障碍或挑战。把克服逆境的胜利转化为凝聚团队的胶水，它同时还能提高团队成员的忠诚度、积极性和投入程度。

后　记

积极特质带来的巨大创造力

通过体验去发现，通过科学去证实。

科学发现往往是在偶然的情况下通过体验获得的，而不是逻辑的产物。我曾在阿拉伯联合酋长国的沙漠中获得过这样的科学发现。如果你读过我的《发现你的积极优势》那本书，你就会知道我的镜像神经元实验。到目前为止，我已经在 51 个国家中做过这项实验：我会让两个人搭档，其中一个人在 7 秒钟内保持面无表情，而另一个人“看着第一个人的眼睛，热情而真诚地微笑”。听起来容易做起来难，在 50 个国家中，80% ～ 85% 的人在 7 秒钟结束前就绷不住笑了起来。不过在第 51 个国家，我有了一种恍然大悟的感觉，对积极特质有了更全面地理解。

2012 年 5 月，阿布扎比酋长国的皇室邀请我去演讲。一想到我将有机会乘坐全地形车穿越沙丘，或骑着骆驼在沙漠中穿行，我就感到非常激动。一位王妃邀请我去她的基金会演讲，她想让我讲一讲如何改变中东女性眼中的现实。像以往一样，我从微笑实验讲起，讲到一半我才意识到自己犯了个错误，因为房间里有一半人戴着面纱。如果我之前意识到了这一点，便不会做这个实验。谁会试图让戴着面纱的女人做微笑实验呢？不过，我很高兴自己犯了这个错误，因为让人感到不可思议的是，实验依然成功了。听我演讲的女士们告诉我，她们可以在搭档的眼睛里看到笑容。即使被遮挡在面纱后面，看不见的微笑也同样具有感染力。虽然这些女士看不到搭档的脸，但她们依然受到了对方笑容的感染。

这件事的启示是，无论生活中的障碍看起来多么无法逾越，我们也能创建积极现实，并将它传递给其他人。有时传递积极现实的最大机会其实在于那些隐藏着的现实。因此，具有积极特质的人能看到大多数人看不到的解决方法、可能性和联系。他们知道要想看到其他人看不到的东西，必须后退一步，脱离开当时的生活方式。

早在 20 世纪初，法国著名数学家朱尔·亨利·庞加莱（Jules Henri Poincaré）便提出了相对论这个概念；当然，这个发现通常被归功于爱因斯坦。没有多少人知道庞加莱对相对论的贡献（在上了一节有关庞加莱的课程之后，我才知道他），但他和爱因斯坦几乎在同一时期给现代物理学带来了革命。爱因斯坦觉得牛顿理论中的缺陷可以用物理学来解决，庞加莱觉得这更倾向于是一个数学问题。他们从不同的角度看到了相同的问题，并提出了类似的解答，但这并不是我提到这两位天才的原因。我想强调的是为什么他们是天才，让我们来看一看他们的文章。

1908 年，庞加莱在《科学与方法》（*Science and Method*）中写道：“我将注意力转向了某些数学问题的研究，但显然不太成功……为了掩饰我的失败，我到海边度过了几天，思考了一些其他事情。一天早上，我走在绝壁上，一个想法进入我的头脑，它是那样简洁、突然，同时又非常确定。”

在同一本书中，他还写到自己是如何解决不同问题的：“15 天来我一直在努力证明不会存在类似于被我称为富克斯函数的函数。那时我非常懵懂，每天坐在工作桌前，一待就是一两个小时。我尝试了许多种组合，但毫无结果。一天晚上，与平常的习惯相反，我喝了一杯黑咖啡，怎么也睡不着了，脑子里出现了许许多多的想法。我觉得它们正在互相碰撞，直到两个想法互相扣合在一起，组成了稳定的组合。到第二天早上时，我已经确定了一大类富克斯函数。”（有多少次我们绞尽脑汁试图证明某个问题是无解的，但后来发现我们弄错了？）

在提及另一个富有创造力的事例时，他写道：“紧接着我动身去服兵役，因此，我忙的事情与之前非常不同。一天我走在街上，曾令我百思不得其解的难题的答案突然出现在我的脑海里……我一气呵成，毫不费力地把我的学术论文写了出来。”3 个问题的答案似乎都出现得出人意料。作为一名对创新和创造力感兴趣的心理学研究者，我非常喜欢他的措辞。他正在街上走着，答案便“出现”在他脑海中。

在每一个这样的积极特质时刻，庞加莱在没有思考问题的情况下便得出了答案。我认为他一直在努力思考问题的答案，只是没有使用有意识的大脑，而是让无意识大脑来帮助他解题。据另一位才华出众的科学家、耶鲁大学的心理学家斯科特·考夫曼（Scott Kaufman）说，大脑无意识的部分在解题时使用的加工方法与有意识的部分不同。

你正在试图解决什么问题、克服什么障碍吗？正如美国西北大学凯洛格商学院（Kellogg School of Management）的亚当·盖林斯基（Adam Galinsky）所解释的那样：“有意识的思维更善于做出线性的、分析性的决策，而无意识的思维在解决复杂问题上特别有效率。无意识的活动为恍然大悟的时刻提供了灵感的火花，最终引发了重要的发现。”然而，释放这些无意识加工过程的关键在于不去想你的挑战或问题。换句话说，**为了调动所有的大脑力量以产生顿悟的时刻，你有时需要关闭一部分大脑**。生活中最棒的顿悟时刻不会出现在我们苦思冥想时，而是出现在我们不去想它的时候。

爱因斯坦也谈到过同样的现象。1905 年，他和朋友米歇尔·贝索（Michele Besso）进行了一次令人沮丧的交流，在交流中他试图解决自己在牛顿物理学中发现的所有问题，但没有成功，于是他便放弃了努力。当穷苦而失落的爱因斯坦跳上一辆有轨电车时，他扭头向身后看，看到了伯尔尼钟楼。他漫不经心地想到，如果有轨电车突然以光速驶离钟楼，那么会发生什么。或许爱因斯坦只是想快点儿回家，或许伟大的爱因斯坦正急着上厕所，不过正如他所写："我的头脑中发生了一场风暴。"也就是无意识大脑为他的有意识大脑提供了一个新颖的观点，这个观点很快会颠覆我们对宇宙的所有认知：时间在宇宙各处并不是完全相同的。当爱因斯坦获得这个发现的时候，他既没有在黑板上涂写一些令人无法理解的数学公式，也没有身处物理学实验室中，他只是在回家的路上。

也就是说，当现代物理学的两位杰出天才做出最具突破性的发现时，他们没有在思考，而是让无意识大脑成为主导。那是因为当你充分构建并接纳了某种积极现实后，这种现实便会深深地根植于你的无意识大脑。因此，积极智能的技巧便会成为第二天性，使你能在不知不觉中运用你的所有智能。

想一想目前你正面临的最大挑战，它应该是最让你头疼的挑战。如何接管现在的业务并对它进行评估？如何管理一支不在同一个地点且相距遥远的团队？怎样才能在你所处的行业中找到另一份工作？如何让你深爱的孩子或伴侣不再感到抑郁，或不再做出糟糕的决策？不要绞尽脑汁去想办法，不要每周花 80 个小时去解决这个问题。停下来，从日常生活中抽出一些时间，让潜意识接管你的思考。

你的问题越宏大、越复杂，你便越需要超越意识的积极现实。我想我们都会同意，爱因斯坦和庞加莱试图解决的问题比我们在日常生活中面临的问题更宏大、更具挑战性。换言之，大规模的成功需要一种现实，在这种现实中，我们有意识的思维虽然看不到解决途径，但我们的无意识思维知道这一切都是有可能的。

在我的所有研究中，在我与全球一些最有才华的商业领导者的合作中，有一条结论始终没有改变，那就是聪明和有灵感之间是有差别的。许多才华出众的人从来没有感觉到是某种灵感促成了改变生活的发现或成就。为了获得灵感，你需要通过不同的视角来看世界。无论你的智商、情商或与人交往的能力有多高，如果你不能学会改变你的现实，便永远无法获得灵感。因此，看完这本书后，你可以花些时间来反思自己所学到的东西，想一想这些步骤如何改变了你的心态、你的习惯以及你的日常生活，让新的现实慢慢渗透到你的无意识中。一旦你这样做了，便会发现自己有能力获得那种能带来真正伟大成就的灵感。

我希望在你的帮助下，这本书以及其中的各项研究能引导我们实现公司及学校中非常需要的复兴。就像欧洲的文艺复兴那样，它预示着发现与发展的黄金时期，因为人们会意识到他们对世界的了解能比曾经想象的更多。

除非在生活中实践研究结果，否则研究是毫无用处的。当阅读到这里时，你已经掌握了 30 多条实用的策略，读到了 50 多项研究发现。然而信息本身并不会引发改变，关键在于将一些策略运用到你的生活中，哪怕一次只运用一条策略。

不进行任何改变的代价是停滞不前，也就是始终维持现状。而改变你的现实并与其他人分享积极现实能带来诸多益处，比如实现某种形式的成功、获得发现和突破，这不仅会改变你自己的生活，也会改变世界。

在公司、家庭和社区中，我们需要更多具有积极特质的人。我们需要你。

译者后记

我和本书的作者埃科尔可以说还挺有缘的。我曾是他的第一本书《发现你的积极优势》中文版的编辑，这一次有幸翻译了他的第二部作品。

在第一本书中，埃科尔向读者介绍了成功与积极性之间的关系。这本书非常成功，之后他开始在世界各地传播这本书中的理念。在这个过程中，埃科尔产生了新的疑惑，为什么有些人能获得快乐和成功，而相同境遇的另一些人却做不到。这就是本书要解决的问题。这本书可以说是埃科尔第一本书的前传，它介绍了激发潜能的 5 大步骤，它们能改变你眼中的现实，从而帮助你获得成功。

正如作者自己所说，这本书引用了很多最新的研究成果和案例。对于这一点，我深有感触。因为接触过不少引进的心理学图书，我确实发现一项研究、一个案例经常在很多书中被反复引用，这难免让人感到有些厌倦。但我相信这本书会给读者带来耳目一新的感觉。

另外，通过翻译这本书，我发现作者的经历也很吸引人。他读过军事学校，接受过魔鬼般的军事训练，曾在潜水艇中受训，本应成为一名海军军官。接下来，事情发生了 180 度的大转弯，他最终选择了研究积极心理学。埃科尔以优异的成绩毕业于哈佛大学，然后又攻读了哈佛大学神学院的基督教与佛教伦理的硕士学位。在本书中，埃科尔也写了一些他的个人经历和趣事，当然它们都是围绕本书主题展开的。

对很多读者来说，思考快乐产生之前发生了什么，而不是追求快乐本身，是一个全新的视角。也许这才是获得成功与快乐更有效、更恰当的途径。

最后，对在翻译过程中给予了我帮助与支持的朋友和亲人表示感谢，谢谢黄宁、王鹏、巩樱、崔凯、范文斌、郑悠然、张宝君和王友富。

未来，属于终身学习者

我这辈子遇到的聪明人（来自各行各业的聪明人）没有不每天阅读的——没有，一个都没有。巴菲特读书之多，我读书之多，可能会让你感到吃惊。孩子们都笑话我。他们觉得我是一本长了两条腿的书。

——查理·芒格

互联网改变了信息连接的方式；指数型技术在迅速颠覆着现有的商业世界；人工智能已经开始抢占人类的工作岗位……

未来，到底需要什么样的人才？

改变命运唯一的策略是你要变成终身学习者。未来世界将不再需要单一的技能型人才，而是需要具备完善的知识结构、极强逻辑思考力和高感知力的复合型人才。优秀的人往往通过阅读建立足够强大的抽象思维能力，获得异于众人的思考和整合能力。未来，将属于终身学习者！而阅读必定和终身学习形影不离。

很多人读书，追求的是干货，寻求的是立刻行之有效的解决方案。其实这是一种留在舒适区的阅读方法。在这个充满不确定性的年代，答案不会简单地出现在书里，因为生活根本就没有标准确切的答案，你也不能期望过去的经验能解决未来的问题。

而真正的阅读，应该在书中与智者同行思考，借他们的视角看到世界的多元性，提出比答案更重要的好问题，在不确定的时代中领先起跑。

湛庐阅读 App：与最聪明的人共同进化

有人常常把成本支出的焦点放在书价上，把读完一本书当作阅读的终结。其实不然。

时间是读者付出的最大阅读成本

怎么读是读者面临的最大阅读障碍

“读书破万卷”不仅仅在“万”，更重要的是在“破”！

现在，我们构建了全新的“湛庐阅读”App。它将成为你“破万卷”的新居所。在这里：

- 不用考虑读什么，你可以便捷找到纸书、电子书、有声书和各种声音产品；
- 你可以学会怎么读，你将发现集泛读、通读、精读于一体的阅读解决方案；
- 你会与作者、译者、专家、推荐人和阅读教练相遇，他们是优质思想的发源地；
- 你会与优秀的读者和终身学习者为伍，他们对阅读和学习有着持久的热情和源源不绝的内驱力。

从单一到复合，从知道到精通，从理解到创造，湛庐希望建立一个“与最聪明的人共同进化”的社区，成为人类先进思想交汇的聚集地，与你共同迎接未来。

与此同时，我们希望能够重新定义你的学习场景，让你随时随地收获有内容、有价值的思想，通过阅读实现终身学习。这是我们的使命和价值。

著作权合同登记号：图字：01-2021-5368 号

图书在版编目（CIP）数据

赢得你的积极优势 / （加）肖恩·埃科尔（Shawn Achor）著；黄珏苹译. --北京：中国纺织出版社有限公司，2021.9

书名原文：Before Happiness

ISBN 978-7-5180-8843-0

Ⅰ. ①赢… Ⅱ. ①肖… ②黄… Ⅲ. ①成功心理-通俗读物 Ⅳ. ①B848.4-49

中国版本图书馆CIP数据核字（2021）第177363号

责任编辑：闫　星　　责任校对：楼旭红　　责任印制：储志伟

中国纺织出版社有限公司出版发行

地址：北京市朝阳区百子湾东里 A407 号楼　邮政编码：100124

销售电话：010—67004422　传真：010—87155801

http://www.c-textilep. com

中国纺织出版社天猫旗舰店

官方微博 http://weibo.com/2119887771

天津中印联印务有限公司印刷　各地新华书店经销

2021年9月第1版第1次印刷

开本：710×965　1/16　印张：14

字数：214千字　定价：79.90元

审图号：GS（2021）4486号